台灣北社
TAIWAN SOCIETY
NORTH

台灣北社20周年紀念
北社評論文集

推薦序

　　台灣在首度政黨輪替後，許多強調台灣主體性，以台灣獨立為目標的本土社團相繼成立，首先是在2000年成立的台灣南社，之後則有台灣北社、台灣中社、台灣東社（花蓮）、台灣東社（台東）台灣客社的誕生。各個本土社團結合台灣各地菁英，互相合作，以民間社團力量，推動各項社會改造工作，至2006年更聯合組成「台灣社」，希望有效的突破族群意識及政治立場，朝建立新國家的目標不斷邁進。而台灣北社於2001年6月16日的成立大會中，促成李登輝前總統與現任的陳水扁總統首次同台出席民間社團活動，在當時的台灣是前所未有的創舉，而兩人在台灣北社活動中所共同按下的手印，更是台灣民主發展進程上的印記。

　　台灣北社成立初期，以關懷台灣為出發點，舉辦系列講座、座談，希望透過意見交流，思考更多台灣未來可行的道路。同時也以街頭運動的方式，強烈表達對台灣主體性的訴求。如2002年參加台灣正名運動聯盟的「為台灣守夜」、2004年為反對中國對台灣部署飛彈而發起的百萬人牽手護台灣；2005年為抗議中國制訂「反分裂國家法」而發起的326護台灣大遊行等，以實際行動來支援本土政權。而在二次政黨輪替後，台灣北社持續參與「百日怒吼大遊行」、「反黑心大遊行」、「嗆馬保台大遊行」、「反媒體壟斷大

遊行」、「反課綱微調大遊行」等，抗議國民黨政府過份親中、媒體壟斷等不當措施，成為有效的制衡力量。

為進一步整合全國的國民意識，自2009年起，台灣北社開設「北社評論」專欄，以投書的方式分析時局時事，一方面提供施政建言，一方面則作為公民力量的知識後盾，延續街頭運動的熱情與衝擊。為持續扮演好這樣的角色，深耕台灣，因此決定集結「北社評論」的論述，而有這本《北社評論文集》的彙成。

《北社評論文集》，是由社員發揮其專長，暢談對台灣政經社會文化等各層面的觀察與關切，全書共有130篇，分為「文化教育」、」「憲政司法」、「政治社會」、「環保科技」、「國際經貿」等五章：

「文化教育」篇中，關切課綱中的台灣論述，本土語言教育，強調文史教育必須以台灣為主體。

「憲政司法」篇，又可分為「憲政」及「司法」兩部分，「憲政」部分著重台灣新憲法的制訂，並認為應結合憲法、法律以及大法官釋憲，才能完全保障人民應有之權利；「司法」部分則提及政治力過份干預案件審理，導致人民不信任司法，可試行陪審制度，或以重大案件審理直播等方式，增加民眾對審理過程的參與，爭取民眾對司法的信任。

「政治社會」篇則是關切年金改革、一例一休、非核家園、學術倫理等社會公義議題，以及白色恐怖案件真相調查、歸還不當黨產、拆除蔣介石銅像等人權與轉型正義議題，並對台灣未來發展的方向，如台灣正名等提供建言。

　　「環保科技」篇，關切台灣綠能應用，再生能源發展，軍武國造，科技防災，開發與歷史化保存等議題，並期許台灣應達成科學精神的內化與實踐，培養獨立思考能力。

　　「國際經貿」篇，則著重於探討台、美、中的角力，分析台灣面臨中國力量滲透，應如何透過《台灣關係法》，對台六項保證等美國友台的舉動，提升台美關係。以上五章的建言，都是希望能提供給政府與民間單位在施政處事上的參考，並提升台灣民眾對於公共事務的認知與關心。同時也希望喚醒更多朋友，重視以台灣為主體的重要性，如此才能共同創造出符合現代國家的核心價值。

　　台灣北社成立的2001年，也是台灣文化協會成立80週年，當時台灣北社與吳三連台灣史料基金會等團體共同發起紀念活動，並在台灣文化協會成立的10月17日於靜修女中舉行紀念晚會，晚會邀請到陳水扁總統出席，陳總統並在晚會致詞中，宣布將10月17日，訂為「台灣文化日」，正式開啟台灣以文化力量引領社會前進的風潮。2021年，已是台灣北社成立的20週年，要感謝社員，以及來自社會各界

的支持，使台灣北社成為一股提供建言，並能有效監督的重要力量；同時今年也是台灣文化協會成立的100週年，台灣文化協會在成立時曾提出「臨床講義」，將台灣比喻為病患，提出診斷及解決之道。我們也期許能承繼台灣文化協會的精神，診斷出台灣當前的病症，持續提升台灣文化，深化民主、自由、人權等普世價值，為台灣的長遠未來而努力。

吳樹民

台灣北社創社社長

台灣國家聯盟總召

2021.6.11

推薦序─知識份子「守望台灣」的紀錄

台灣北社創立於2001年，原初的宗旨是想效法1921年日治時代台灣前輩透過台灣文化協會，走入民間「謀台灣文化之向上」，「互相切磋道德之真髓、圖教育之振興，獎勵體育、涵養藝術趣味，以期穩健之發達，其歸結務在實行。」與當年不同的是，日本殖民體制下台灣人沒有政治地位，知識份子又已覺悟到武裝抗日不可行，所以從文化運動來治療「知識的營養不良症」，強化台灣人的「體質」，可說是另一種「抵抗」。但八十年後的台灣已經走出中國國民黨威權統治的陰霾，用選票竟可以讓國民黨交出政權，這時候台灣知識份子還有甚麼「要事」要辦呢？

其實2000年的總統大選陳水扁得到的選票還不到四成，勝選的原因主要是國民黨分裂，隨後幾年「朝小野大」造成的政治紛擾多矣；其次，李登輝時代所確立的「中華民國增修條文體制」，乃至「中華民國在台灣」，已經是歷經全面改選國會、以及中國文攻武嚇下的總統直選，在過程中不乏民主進步黨參與的痕跡，甚至民進黨藉此體制而取得政權，所以知識份子從台灣民族主義的立場要怎麼看待這個「政權」？確實有尷尬之處。回顧筆者在1990年代的政論集，書名是《誰的民進黨》，內容泰半是對於民進黨的轉型、從台獨黨變成選舉黨的過程諸多批判；可是2000年至

2008年阿扁執政，筆者的政論又輯成一書，名稱則是《漂流台灣　虛擬執政》，其中不乏對於台灣社會認同分歧，在野黨假藉民主自由抗拒轉型正義，所做的評論與感嘆。

　　台灣北社作為知識份子的組合，作為台派或獨派社團，在如上所述的環境下，耕耘台灣社會仍應是首要的本份，就像農夫的本份就是耕田一樣。批評時政當然也是耕耘社會的方式，但是民主時代從事「有效批評」除了要根據事實、合乎邏輯，還必須兼顧價值的平衡，才會有說服力，其困難度並不亞於戒嚴時代的黨外雜誌。在一個相當民主自由的體制下，民進黨必須與國民黨競爭選票、比賽政績，獲致足夠的席次乃至取得政權，才可能（例如）把黨國時代的教科書改為正常，才可能把軍隊五大信念中的「主義」和「領袖」拿掉，保留國家、責任、榮譽；才可能把二二八和白色恐怖的檔案從各地方徵集出來，揭露當年黨國機器輾壓人權的實況，以及人民受難的真相。這些都是邁向正常國家所必需，也是台灣民族主義的實踐。

　　這本台灣北社的評論文集，蒐集的是2015年至2021年經過北社秘書處安排、社員在報紙上以北社專欄名義發表的文章，讀者可以看到主要的作者是黃帝穎、李川信、陳逸南、范姜提昂、吳進生、陳茂雄等等，領域跨度甚廣，多數發表在蔡英文總統主政時期；我雖然也在作者群之列，但因

2019年7月從中研院退休轉而擔任政務官，身分上已不適合常在媒體發表政論，否則也必是「名列前茅」的作者吧。今承川信社長和威佑秘書長的好意要我寫序，就把以上的感想拉雜寫出來與大家分享。應該提醒的是，蔡政府時代固然民進黨已經完全執政，不同於阿扁時代朝小野大，但另一方面台灣遭受來自中國的各種壓力、阻力和滲透，比阿扁時代實有過之而無不及，這時候我們對朝野各方所做的評論是否恰當？無論如何皆已成為時代的紀錄。

　　北社成立二十年了，後面這一段「守望台灣」的紀錄我亦部分參與其中，應該如何被評價，就交給讀者了。

陳儀深

國史館館長

2021.7.2

序

　　台灣北社，在李登輝、陳水扁前後兩位總統見證下，成立於2001年6月16日，正是台灣文化協會80週年的歷史時刻。我們秉承文協的批評精神與實踐價值，投入台灣社會運動，形塑「文化多元國家一體」的正常國家夢。

　　光陰荏苒，台灣北社成立迄今已屆滿20年。20年來歷經創社社長吳樹民的運籌帷幄建立口碑，奠定本土社團的領航基礎，再經張學逸、陳昭姿、周福南、張葉森四位社長的強棒接續，結合所有幹部及社員，共同撒播獨立建國的種子，希冀種子早日開花結果，完成創社宗旨。

　　北社自許是個重視文化、教育深耕、進步價值實踐，勝於政治較量的團體，不盲目崇拜個別政治人物，不屈膝迎合政黨，追求正名制憲，加入聯合國，終極目標在使台灣成為主權獨立的國家，讓國人自信，以台灣為榮，我台灣我驕傲。

　　2021年正是台灣文化協會成立100週年紀念，也是北社成立20週年紀念，在這關鍵的歷史時刻，將長期刊登於自由時報的「北社評論」，彙編成書，留下足跡，見證我們曾經的努力，期待此書上市之後，能讓更多國人閱讀，發揮集體

力量守護台灣，提醒國人切記「同胞需團結，團結真有力」的真諦。

　　本文集共收錄130篇文章，分「文化教育、憲政司法、政治社會、環保科技、國際貿易」5大篇，創社社長吳樹民總召已在推荐序文中，做詳細的導讀。文集發表的時間前後長達6年，每篇文章撰寫都有其時空背景，國史館陳儀深館長在推荐序文強調，本土的民進黨執政或在野，台灣知識份子或北社扮演的角色，提供中肯詳實的註解，也為歷史留下忠實的記錄。

　　最後感謝自由時報長期提供寶貴的自由廣場園地，社會各界的鞭策與支持，北社創社社長吳樹民總召、國史館陳儀深館長撰寫的推荐序，每位撰文的社員，祕書長潘威佑、辦公室主任王蕙娟、簡爸簡明文的編輯校對，在此一併致謝。

李川信

台灣北社社長

2021.6.16

北社評論文集目錄

三、 政治社會篇　101

文化教育篇

【期待新總統新教育新課綱】

李川信2016-01-21

綜觀蔡英文總統選前公佈的教育「四大目標」、「六大方向」，感覺了無新意，只是歸納目前的教育亂象，頭痛醫頭腳痛醫腳，與朱立倫的教育政策多有雷同之處；既然「英倫」所見略同，就表示兩者皆不甚了解台灣教育真正所需在於「教育台灣化」，或許蔡總統為爭取中間選民，不得不發表如此中性的「教育政策」。

當然，若「四大目標」與「六大方向」能福國利民，我們也樂觀其成，但是我們更希望，「教育台灣化」能成為教育的主軸，我們主張：

一、制定台灣主體課綱：以「台灣學」為根本，強化台灣歷史文化，制定符合現代需求的學校課綱。

二、確保語言平等族群多元：制定「語言平等法」，確認多語言政策，以台語、客語、原住民語、華語及英語為官方語言。

三、確保台灣本土語言永續發展：營造與中國區別的語言文字環境，堅持使用繁體字，華語音標採用與世界接軌的通用拼音。明訂國中小每週二節本土語言課，高中每週二節台灣文學課，各縣市因地制宜成立本土語言實驗學校。

惟有台灣教育史觀根深扎實，才能營造團結一致的國家認同。

馬英九總統一就任，隨即推翻陳總統的「台灣主體意識」，實施「教育中國化」，將通用拼音全面改為漢語拼音，擱置杜部長規劃完成的高中九八課綱中的歷史與語文兩科，並聘用體制外的「檢核小組」，在藐視專業、黑箱作業下，展開課綱微調。當時蔡英文主席曾承諾，「馬政府不處理，我們來處理」，現在正是您實現諾言的時候了。

除了永續經營「教育台灣化」的主軸外，目前最迫切要做的是，請民進黨先凍結「十二年國教總綱」。攸關千萬學子的「十二年國教總綱」，包含小學、國高中職的課綱，將於二〇一六年二月底完成，使用年限達六至八年，影響台灣教育至鉅。此次政黨輪替，人民已授權民進黨完全執政，二月一日立法院開議，請民進黨先凍結「十二年國教總綱」，等五月二十日蔡總統就任後再全面檢討修正，這正是考驗民進黨政府對台灣教育的態度，並展現執政能力的最佳機會。

期待新總統、新政府、新教育、新課綱。（作者為北社副社長兼教育組召集人）

【成立母語實驗學校的必要性】

李川信2016-09-01

今年八月一日，蔡英文總統實現競選承諾，在總統府正式代表政府，向過去四百年來承受痛苦及不公平待遇的原住民，表示道歉。在此同時，台中市長林佳龍宣布和平區達觀國小改制為國內第一所原住民實驗小學，並更名為「博屋瑪」國民小學，以泰雅文化為課綱，推展原住民教育理念，教導學生泰雅族語言文化及祖先智慧，承擔延續原住民族群的責任。

蔡總統展現執政者的高度，向原住民道歉，同理也應為過去百年來，台灣本土母語遭受外來政權無情的欺凌、壓迫、摧毀表示歉意，何況蔡總統在2016年總統大選期間，多次強調客家文化與語言復興的重要性，更應藉此時機，讓瀕臨危機的本土母語–台語、客語、原住民族語有復興的機會。

蔡總統重視實驗學校，曾述及「實驗學校就是要突破法規和限制的一種重要工具，如果需要中央財政挹注或法規修改，中央就必須做，不能視而不見。」

雖然母語教學課程2002年正式進入小學，但也僅是象徵的一節課。在師資缺乏、學校行政及家長不重視下，用片段的教學方式走過14個寒暑，政府對本土母語的延續有所虧欠，因此請蔡總統實踐諾言，以國家之力在各縣市設立本土

母語實驗小學，做有系統的教學計畫，累積實驗成果，進而推廣到各校。

21世紀是多語教育的時代，語言的多樣性需要透過母語為本的語言教育政策，培養台灣子民的多語能力。台灣人有權要求母語的延續及教育的權利，因為我們憂心母語已漸漸成為「死的語言」，下一代的年輕人幾乎已不再使用。

公元70年，羅馬大軍鎮壓大規模起義的猶太人，摧毀第二聖殿，攻佔城池。當時有一位猶太人學者約哈南，克服萬難的讓羅馬軍隊統帥維斯帕先（Vespasian，後為羅馬皇帝），保留一所猶太人的學校及10名教師；有了學校，猶太人的希伯來語、文化、及智慧得以傳承。這是猶太人代代相傳的故事，也是猶太人流亡千年還能建立國家的原因。

台灣擁有自己的城池、自己的國家，但政府卻坐視本土語言文化消失殆盡，期待執政當局拿出智慧，成立各縣市公辦公營的母語實驗學校，讓台灣母語扎根傳承，挽救母語消失的危機。（作者為台灣北社副社長兼教育組召集人）

【還我母語】

黎登鑫2016-09-29

台灣在清朝及日治時期，福佬及客家讀漢書，都分別使用自己的母語！阿扁總統的老師李鴻禧教授說他的母語是很美的語言！我小時候聽我伯父及大哥用客語吟唱漢詩，也別有韻味！

可是，被中共打敗，潰逃來台的蔣介石集團，用槍桿子壓制台灣，打擊母語成低俗的方言，在學校禁說，另則推行連中國都稱是普通話的「國語」！

六、七十年來，我們母語如我的客語，絕大部分的小孩子都不會講，更甭說傳承下去！客語及其文化，勢必斷絕！全世界都極力維護瀕臨絕種的動、植物，更何況各族群文化所繫的母語！

救亡圖存，我們非在學校推行母語不可（除非外來政權像日本及蔣家殖民政府）！據美國猶他州在學校推行多語教學效果卓著顯示，在多元文化的台灣，應可仿照。台灣的國小母語教學，現在一周只一小時，點綴而已；到了國中，更告終止！

我認為母語教學每周至少五、六節才有效果，班上或全校同時學習母語、華語，不但加強學生分析思辨能力，更可促進族群和諧，何樂而不為！

　　（作者為台灣北社理事兼人文組副召集人）

【理性真實的正視文史教育】

李川信 2017-08-31

　　2016年5月21日新就任的教育部長潘文忠於記者會上宣布，將以行政命令停用「微調課綱」，隨後行政院於5月31日正式公告，廢除「2014年高中國文與社會領域微調課綱」。

　　為了制定新課綱，教育部國教院耗費一年時間研討，於2017年7月30日公布「社會領域課綱草案」，將高中歷史課綱由傳統的學習進程–「台灣史、中國史、世界史」，改為「台灣相關分域討論、中國與東亞的交會、台灣與世界」三個分域，以專題呈現，不採編年史，不呈現標準答案，重視的是培養學生思辨、解決生活問題等能力。

　　我們樂見教育部摒棄傳統的封建思想，導入劃時代的新思維，以課綱引導教師「翻轉教育」，讓學生學習「探究實作」，但歷史是事實的呈現，過去歷史課本應論述卻從未提及的兩點：

　　一為戰後決定台灣命運的舊金山和約第二條「日本政府放棄對台灣、澎湖等島嶼的一切權利、權利名義與要求」。

　　二為聯合國大會2758決議文「承認中華人民共和國政府的代表是中國在聯合國裡的唯一合法代表，是安全理事會五個常任理事國之一；恢復中華人民共和國的所有權利，並

立即驅逐在聯合國及其所屬機構內所非法佔據席位的蔣介石代表。」

這兩點務請放入課綱，以加深國人「台灣主權屬於台灣人民」的觀念，同時認知「中華民國並未退出聯合國,只是席位改由中華人民共和國繼承而已。」

同年8月20日，教育部又公布「國語文課綱草案」，文言文比例上限從55%下修至30%，選文篇數則降至10~15篇。此舉不僅大幅度減輕學子的課業沉重負擔，同時也翻轉台灣的語文教育，期待新課綱能更重視與土地聯結的現代文學，並透過世界名著的文選，拓展學子的國際視野。

回顧以往，中國國民黨以一黨之私，用半世紀的時間，傾國家所有資源，「教化」台灣人民忽視台灣這塊土地，去認同遙遠的中國，以做個「堂堂正正的中國人」為榮，實乃違反自然法則，終究注定失敗。教育的本質在於認同這塊土地這裡的人民，以凝聚共識，則數百年來台灣人民夢寐以求的民主國家，終能水到渠成。（作者為台灣北社社長）

【要重視歷史才有深一層的轉型正義】

陳儀深2017-9-14

從威權到民主的所謂轉型，大家比較容易理解，可是從戒嚴時代的「外來政權」變成今天「中華民國在台灣」這樣的「國家」，要經過怎樣的轉型？解決這個問題要看國民黨和民進黨這兩大政治勢力是否有足夠的「交疊共識」。

國民黨儘管曾經是外來政權，公元兩千年畢竟下台，甚至2016年又再度在野了，應該覺悟2005年連戰那種「僭越」台灣命運共同體的歧路不應行、不可行。所以，與其太在乎對日抗戰的話語權，不如多想想1949之後，包括1958年在台海危機之中，外省兵和台籍兵共同抵禦外侮，所締造的「意外的國度」。

另一方面，令人感慨的是，民進黨似乎比國民黨更不重視自己的歷史，請問：今天如果要找尋1986年創黨時期的檔案、照片，在誰那裏？1990年「民主大憲章」是主張內閣制或總統制？1996年彭明敏代表民進黨參與首次民選總統，是經過怎樣的黨內初選？...這並不是說要去記一堆死的材料，而是要為自己的黨為何在1999年「台灣前途決議文」主張「已經獨立說」，進行理解與辯護，所需要的歷史知識。並且，治理國政也需要歷史論述。如果台灣是一個國家，不論它的名字叫什麼，領土範圍在哪裡？有沒有包括釣魚台和南海諸島？這些如果沒有經過虛心學習，貴為部會首

長也會開口便錯。例如，南海諸島的主權宣稱，兩蔣時代是因為中國的傳承而來，今天中華民國政府官員（例如扁政府時代的內政部長或是小英政府的國防部長）如果照搬「明代以來就如何如何」，這種歷史主權說已不相宜。否則，一方面不接受九二共識，另一方面又跳進一中原則，豈不自相矛盾。

台澎金馬如果要成為主權國家，或是說「中華民國在台灣」要成真，要做的功課還真不少。有關二二八和白色恐怖的轉型正義，重點並不在於成立甚麼專責機構，或是寫出甚麼權威的報告，而是教育部能不能把這部分的歷史事實適當寫入教科書？文化部除了要加緊人權博物館的籌設，敢不敢儘速處理中正紀念堂的轉型？國史館有多少心思、多少資源用來處理中華民國與台灣的斷裂與延續？最後，上面相關的國家論述，有沒有出現在國家文官培訓所、外交事務人員講習所的課程？這些，如果國民黨政府做不到猶可理解，可是民進黨政府可以不在乎嗎？

總之，今天的政府官員要上緊發條去理解我們國家現況之所以然，才能掌握未來應該努力的方向！（作者為台灣北社副社長，中研院近代史所副研究員）

【正視教育的轉型正義】

李川信2018-07-31

　　台灣是個移民社會，包容不同族群，不管先來後到，理應認同土地並視為安身立命的所在，以形成命運共同體；然而錯誤的教育內容與政策，卻造成國家認同的錯亂與危機。教育是國家的軟實力，也是心防的基石，以教育為「桶箍」，可以型塑文化、語言、族群多元、國家一體的台灣共識與價值；因此，轉型正義不落實於教育，無法提升台灣的國力。

　　從台灣大學校長遴選事件，我們清清楚楚地看見一群「擁抱獨裁專制、具有強烈黨國思想、打壓校園民主與學術自由」的人，組成所謂的「大學校園自主聯盟」，避談遴選違反學術倫理與法律，反而企圖顛覆大學校園的自由民主，集權力於一身，其言行不僅媚共，甚至甘願成為中國的傳聲筒。這群人橫行於各大學校園內，阻擾轉型正義的實施，為人師表令人汗顏。

　　而中小學校園之中，亦不遑多讓。

　　新北市鷺江國小劉老師與翁老師帶學生校外教學，參觀鄭南榕基金會的「查某人e二二八攝影展」，事後一位有異議的家長向陳姓議員陳情，該議員隨即與教育局副局長及鷺江國小校長召開記者會，痛批政治干預校園，果其然在教育

界造成寒蟬效應；反觀帶學生到慈湖、頭寮、中正紀念堂膜拜威權的象徵符號，卻被視為理所當然。這又是一樁抗拒校園轉型正義的不良典型。

新北市江翠國中潘老師，多年來進行「繪畫二二八」的教學活動，並設計學習單讓學生於寒假期間參觀二二八紀念館，學習單卻經常被導師沒收，還有導師狂言「這學習單很政治，叫潘老師來找我。」足見不少中小學教師的內心，無時不刻存在著「小警總」，一遇到「事實真相」隨即自動羅織罪名。教育界的轉型正義實已刻不容緩。

西班牙曾因獨裁者佛朗哥的幽靈盤繞，轉型正義不彰、內鬥嚴重，造成國家競爭力衰弱，其國會為扭轉國家命運，加速轉型正義的落實，於2006年通過「歷史記憶法」，拆除獨裁者的標誌與牌匾，更通過「除垢法」，將佛朗哥的墳墓移出烈士谷。西班牙能，台灣何嘗不能？

台灣也是因獨裁者的魅影揮之不去，造成國家認同混亂。當「促轉條例」通過，清除威權象徵，展現公權力，貫徹轉型正義，就是執政者應該負起的責任。（作者為台灣北社社長）

【從文化立國到文化大國】

李川信2018-10-09

　　台灣這塊土地，歷經原住民生活，荷西、明鄭、清朝的經營，日本的治理，及國民政府的統治；不管是東方或西式，不管是傳統或現代，都留下豐碩的足跡；而這些珍貴的文化資產，是台灣的榮耀，也是台灣卓越的發展條件。

　　1921年10月17日台灣文化協會成立，是第一個在台灣正式成立的有組織、有影響力的團體，以研習、講演、電影宣導、及文化演劇等活動，宣導台灣人的自我認同與人文素養，雖然在當時淒風苦雨的政治環境下，台灣文化的形塑還是持續摸索與發展。

　　1970年代台灣經濟起飛，因經貿團結而擠進經貿大國；1990年代政治民主化後，台灣的民主自由成為亞洲的典範，但也因政治對立，無法形成共識團結台灣；為今之計，我們應以文化內涵為「桶箍」，以文化立國凝聚共識，期許台灣成為世界文化大國。

　　文化部鄭麗君部長就任兩年多，以在地主體、國際視野為核心，提出文化紮根政策，透過公部門、民間文史工作、及社區營造團體的施展，具體成果有目共睹，更期待行政院的跨部會文化會報及民間共同催生「台灣文化月」，使其成果更有加乘效益。

台灣擁有南島文化這塊瑰寶，能作為發展研究的重鎮，南島文化成為觀光文創的亮點。台灣每年有許多不同的表演團體，到世界各地巡迴表演，均獲得不少讚譽；尤有甚者，外搭原住民風內含客家風的彩繪地鐵列車，更是風靡紐約都會。台灣的文化軟實力，不容小覷。

　　在台北行銷多年的「金牌熊讚」，具有在地特色及文化意象，可惜柯文哲市長以虛假的海洋熊謀殺了台灣特有的黑熊。對照台中林佳龍市長主辦的「花博」，以石虎為吉祥物，創造一系列與在地連結的「石虎家族」，文化眼光，高下立見。其實各縣市能創造出與當地連結的吉祥物或圖騰，這更將成為台灣的另類亮點。

　　台灣有很強很深的文化底蘊，不斷的吸納外來文化，再融入在地的元素，創造更多元的文化素材與作品，透過公營電視台製作優質的文化節目行銷世界，將台灣文化帶到世界舞台，完成世界文化最後一塊拼圖，貢獻全人類，台灣必可成為文化大國。（作者為台灣北社社長）

【落實轉型正義的文化教育政策】

楊其文2018-10-23

我們都知道，教育的目的在培養獨立思考與健康的人格發展，而文化的形成可以移風易俗，更可以促進文明社會的和諧與進步。透過教育文化的提升，人的信念、信仰與中心價值，就不會輕易變動，反映在社會生活層面的，例如追求民主自由、生活自主權，也不會隨時空的變化而輕易起舞。

台灣的教育，長年來在錯誤跟誤導的情況下，因為錯知，因為被洗腦，因為缺乏培養獨立思考跟批判的能力，加上不同世代間的認同歧異，所以認知差異跟落差的變化很大。歸咎原因，就在教育制度的偏差。我們的教育，並不告訴學生，文化要先從認識在地的根植著手，瞭解在的歷史與風土，文化於是產生。但是長期以來，我們的教育，卻是中華漢文化大力宣揚的急先鋒，我們的學生都知道遙遠虛幻的長江、黃河，但對近在呎尺的濁水溪、木瓜溪、玉山、阿里山卻又相對陌生。

我們的孩子，缺乏世界觀的養成，不管是東方或西方的歷史文化，都是淺嘗即止，我們不會瞭解或認識亞洲周邊各國的歷史與人物，對其他歐洲、澳洲、非洲的歷史文化認知也十分淺薄，反觀對於中國歷史各朝代的人物，虛假不實的歷史情結，中國成語典故，咬文爵字的文言文，卻能朗朗上口，運用自如。

我們的學生墨守孔孟老莊外，更缺乏國際視野的薰陶，對於西方文明的文史哲，缺乏深入的認知學習，對於亞里斯多德、柏拉圖，到盧梭、孟德斯鳩，我們的孩子只知道皮毛式的人名概念，缺乏宏觀視野的養成。

　　英美國家對於莎士比亞的古文，只是課程研習跟欣賞，韓國廢棄漢文推動韓文書寫，將漢城正名為首爾，日本從漢字演變成自己的平、片假名文字，他們萬元錢幣上的人物，是來自民間推動教育與文化的福澤諭吉先生，這些都是亞洲推動自主文化的例子，國外能，台灣沒有甚麼好介意的，唯有大破大立，才能創造台灣自主教育跟文化發展的未來。

　　準此，我們呼籲政府盡速修改過時的教育與文化政策，在教育上拋棄墨守成規的死板教材，大幅減修死板的文言文比例，豐富本土教育素材，在文化上，以接軌世界的大國民著手，增加台灣與國外的歷史教育課程，早日讓我們的學生，成為具備世界公民視野的一份子。（作者楊其文，台灣北社社員，文化藝術評論者）

【勇於面對真相】

李川信2019-01-15

　　二〇一九年一月二日中國國家主席習近平發表「告台灣同胞書」，要求台灣在「九二共識」下接受一國兩制的香港模式；蔡英文總統隨即回應：「我們不接受九二共識，就是因為北京當局定義的九二共識，就是一個中國、一國兩制。」總統並呼籲朝野，別再使用「九二共識」此虛假的名詞。

　　「九二共識」是二〇〇〇年時即將卸任的陸委會主委蘇起所創造出來的新名詞，以取代中國國民黨的「一個中國、各自表述」的說法，只是本質還是「一中各表」。實際上1992年台灣海基會與中國海協會於香港會談時，雙方並無共識；一直到1997年中國單方面主張，「雙方只就一個中國原則達成口頭共識，但從未討論『一個中國』的政治含意，更無一個中國政治內涵『各自表述』的共識」；換言之，中國不同意「一中各表」，而是以「九二共識、一中原則」框住台灣，推行一國兩制，以進行其欲統治台灣的目的。

　　如果我們陷入「九二共識」的泥淖裡，在國際社會認知中，代表我們承認台灣是中國的一部分，台灣與中國的事務是台海兩岸的內政問題，國際社會無權協助，台灣逐步失去際地位、尊嚴與自由，成為第二個香港，甚至第二個西藏。

中國領導人常說，「台灣是中國不可分割的領土，根據1943年的開羅宣言，台灣主權已歸還中國；又依據1971年聯合國2758號決議文，台灣歸屬中國。」這些言論都不是事實，真相是，1949年中華人民共和國建政後，不曾一分一秒統治過台灣；開羅宣言只是二戰中的新聞稿，非正式條約，台灣真正的歸屬應該依據1951年的舊金山和約—日本放棄台澎；1971年的聯合國2758號決議文，是將蔣介石集團逐出聯合國，改由中國代表，並沒有處理台灣主權問題。

歷史學家證實蔣介石是二二八大屠殺的元凶、白色恐怖的製造與執行者。1971年中國加入聯合國，美日領袖安排台灣以一般會員國資格繼續留在聯合國，蔣介石剛愎自用，以一句「漢賊不兩立」，讓台灣成為國際孤兒。光憑這些作為，蔣介石何德何能足以浪費國家資源保護其紀念堂及棺木？實非「去蔣」，而是「去獨裁、去威權」。

台灣被讚譽「最美的風景是人」，以我們受教育的程度，應能分辨是非真假，不應該被列入全球無知國家前三名。期勉國人，勇於面對真相，台灣才能成為正常的國家。（作者為台灣北社社長）

【喜迎公視台語台開播】

李川信 2019-07-02

二〇〇〇年台灣首次政黨輪替，以本土自居的民進黨政府在二〇〇三年成立客家電視台，二〇〇五年原住民族電視台也相繼開播；二〇一六年民進黨再度執政，由民間團體多年努力催生的公視台語台，在文化部鄭麗君部長強力支持下，終於在昨天開始試播，七月六日正式開播，雖然晚了十五年，但做為長期關心台灣文化教育團體的我們表示高度的肯定。

公視台語台的成立，是台灣跨出文化平權的重要一步，藉由不同族語電視台的功能，使各族群語言有公平發展的場域，讓台灣人以說自己母語為榮，以欣賞學習他族語言為傲。

台灣長期獨尊華語政策，原住民語、客語和台語相對弱勢，也流失迅速。公視台語台的開播，既安定台語也安定台灣四分之三使用台語人民的心。語言是相當生活化的載體，在推廣文化平權下，不必擔心出現所謂「台語霸權」或「沙文主義」的問題。

我們期許公視台語台：一、製作幼兒律動、卡通及適合年輕人的節目，讓兒童和年輕人喜歡看，對台語有所奠基，才有傳承與發展的機會。二、成為學習台語文與典藏價值的台語文化平台，台語若能深入家庭，聽講讀寫就不難了。

三、族群、文化、語言的多元形塑國家一體，台語台的節目也應朝台灣主體性及國際視野與國際接軌，做具體規劃。

公視台語台成立過程一波三折，為了後續穩定發展，必須排除障礙，及早未雨綢繆。目前的法源依據為二〇一九年一月九日公佈的國家語言發展法，該法明定「國家語言，指台灣各固有族群所使用的自然語言及台灣手語」，「若面臨傳承危機的國家語言，則應優先推動各種保障措施，如得設電視專屬頻道…」，這種法源依據不若原民台與客家台般的明確，變因很大，在有心的政黨操作下，可能化整為零。再者，若非鄭麗君部長的重視，立法院即時通過文化部編製開台年度預算四億，其中八千萬人事費遭凍結又解凍，台語台不可能成立；未來若沒有穩定的經費來源，台語台的營運將備受衝擊。

喜迎公視台語台的開播，但也要提醒國人，台灣從二〇〇一年母語教學進入體制內，到客家電視台、原民台、台語台的相繼成立，都在民進黨執政期間，國民黨執政從來不把台灣文化語言放在心上，孰是真心為台灣，高下立見。（作者為台灣北社社長）

【論在地語言教育】

黃修仁2019-07-30

　　自二〇〇二年教育部檢核通過第一批鄉土語言教學支援工作人員進入學校任教迄今已十七年。在校任教所受待遇可說是一年不如一年，薪水是算鐘點費，有上課才有領，不僅備課時間不計入，歇寒歇熱、撰寫課程計畫、帶領和訓練學生演講朗讀繪本參加比賽、風颱假、校外教學、畢業旅行攏無薪水，甚至歇寒歇熱連勞健保亦需退出，教職一年一聘，每年都重聘沒保障。二〇〇六年起有人進入研究所取得碩士學位，為這些老師慶賀，但是他們的身分依然是母語教學支援人員，沒有改變！

　　母語教育課程推動，從小學到研究所，實際上會使用在地語言的老師已很少，但是還是有學校不聘請專家，而是安排不符資格的導師教。真是無教育良心，糟蹋本地語言教育。保存在地文化，語言是第一優先，在地話若學無好，欲安怎愛這台灣的文化？講的話是祖先聽無的話，祖靈想保庇嘛真困難。

　　去年底〈國家語言發展法〉通過，外配語言竟然也列入母語教育，在地語言教育被五馬分屍。小學一週才一節母語課，學生竟還被抽去學外語，按呢學生的語言學習四四散散怎能學好！應該在地語言台語、客語優先各排一節，全班一起上課，有助族群和諧；外配語言學生少，可以排置早自習

22

導師晨會的時間。就對正課完全無影響，只是看學校欲安呢做否？希望教育部通令這樣安排，就會維持一點啊在地話的氣絲，予咱台灣文化有一點啊的基礎存在，以後中學排課有這種學習前例，教學現場上課才會順利。

最後咱愛知影，目前大學台語系所師資更加缺乏，教授大部分是中文系轉任，台語專業能力真濟是有根本問題，只是大家假影無這個問題存在。台語系所教授上課講MANDARIN，教出來的學生，台語能力是什款？若是無面對這個問題，台語教育永遠是無法度進步。十幾年來台語系所培養很多台語界菁英，本來這寡學者就對台語文化真有研究，煞無法度進入去大學教冊，這就真奇怪，是主事台語教育的頭人無腹腸提拔人才？亦是資源提置手頭無愛分享？

仰望現此時，台語教育的領導者，為著台灣文化的傳承，愛有心胸提拔台灣的人才，予台灣主體教育會當延續落去。（作者為台灣北社理事）

【從文化大國邁向文創大國】

李川信2020-10-13

　　台灣歷經原住民、漢人的墾殖，荷西、鄭氏、清、日時代的經營與建設，先民都留下豐碩的足跡及珍貴的文化資產，這是台灣優越的發展條件。在多元族群文化，共生共榮共享形成的命運共同體下，早已揚棄我族篳路藍縷，造成他族顛沛流離的偏差思維，尊重多元族群文化，以文化的軟實力，團結台灣，形塑國家一體的共識。

　　二○一六年本土政黨再度執政，蔡英文總統體認文化是國家的靈魂，特請鄭麗君擔任文化部長，鄭部長也了解，經濟產業使國家安定強大，但文化教育更使國家穩定偉大，上任後勇於任事，推動國家語言發展法、文化基本法等立法，為台灣文化奠基；啟動國家文化記憶庫，重建台灣藝術史工程，再造歷史場域，讓台鐵台糖鐵道、阿里山鐵道、茶道、水圳成為帶狀廊道，以文化治理達成文化立國之目標。

　　今年，蔡英文總統再度連任，鄭麗君以陪孩子成長為由辭退部長，由李永得接棒部長，我們相信一棒接一棒，台灣會更棒。李部長在高雄擔任副市長所主導的駁二藝術特區，活化文創所帶來的觀光人潮，盛況空前；客委會主委任內推動浪漫台三線藝術季，深受好評，也讓客委會變成最富文化

涵養的部會之一。李部長在前任的基礎下，更進一步深耕文創產業，讓台流變成文化主流，成立國際媒體平台連結世界，輸出台灣文創產業，推向世界舞台，讓世人分享台灣的成果。

當世人一致肯定台灣最美的風景是人，在這片土地上每年每月發生多少有生命力的感人故事，等待我們去挖掘，加上先民數百年來抵抗外來統治，爆發可歌可泣的事件，我們有智慧把它們寫成故事、小說、劇本，拍成影片，使國人產生關鍵性的共鳴。要完成這偉大的工程，需要優秀的文創人才，厚植人才，政府責無旁貸，期待國家投入更多的資源，以培育優秀的藝文、影視人才，為國家所用。

行政院蘇貞昌院長說：文化是國家的根，國家發展重要的動力，從文化可以看出一個國家的水準。因此我們期待用文化立國的精神，發展璀璨耀眼、多元創新的台灣文化，打造台灣文化國家隊品牌，以文化團結台灣，讓台灣邁向文創大國。（作者為台灣北社社長）

【文化多元國家一體】

李川信 2019-10-08

　　台灣歷經原住民、荷西、清朝的經營，日本時代的建設，不管是東方或西式，不管是傳統或現代，都留下豐碩的先民足跡；這些珍貴的文化資產是台灣的榮耀和優越的發展條件，可惜二戰後，在中國國民黨錯誤的政策下，錯失了50年台灣國家夢。

　　1996年李登輝先生當選台灣首任民選總統後，在國中教育推出「認識台灣地理篇、歷史篇、社會篇」，首度確認本土教育文化路線，奠定台灣人自我認同的基石。

　　2000年的政黨輪替，陳水扁總統八年執政，不僅在教育上深化台灣意識，還先後成立客家電視台及原民電視台；2016年本土政權再度執政，公視台語台也在今年2019年正式開播；相對於強勢的華語文化，我們欣慰於國家終於行有餘力，將這塊土地上長期以來飽受歧視的弱勢族群的語言文化，正式搬上檯面，通過「國家語言發展法」的立法，尊重不同族群在教育文化及國家體制的場域內，得以公平使用語言文化的權力，彰顯台灣多元文化的精髓。

　　2001年，母語教育進入校園成為正式課程。2018年教育部推動「108課綱」，語文領域減少文言文比例，增加台灣文學及世界文學作品，「中華文化基本教材」由必修改為選修，破除中華文化的獨尊，增強多元文化的學習。歷史領域建構

「台灣史、東亞史、世界史」的脈絡史觀，更是一大突破。社會領域則強化人權、轉型正義，以在地觀點，提升公民素養。

　　台灣這塊土地上的居民教育，本就該以台灣主體意識為核心，知曉台灣多元的文化樣貌與價值，進而認識東亞及世界；猶如世界強國的美國，在文化教育上早已脫離英國，自成一體，才能創造非凡，獨霸世界。反思台灣，隨著民主化和國際化的推波助瀾，「台灣文化」與「台灣價值」的內容，已經趨向樣貌繁華、成熟茂盛的多元型態，但在歷史演進的軌跡驅動下，台灣本質是個墾殖的移民社會，是無法逃避的事實；台灣現在的各住民族群，在面對國家的認同與定位上，是否有共同意識以成就一個多元族群的現代民主國家？是否能配合本土政權多元文化政策的實際行動，攜手共同建構團結一體的新國家？

　　面對2020年1月11日總統及立委的選舉，關係著本土政權的延續，在這關鍵的歷史時刻，發揮力量，守住台灣價值，守住台灣的自由民主與主權，更莫忘台灣文協的精神－「同胞須團結，團結真有力」的真諦。（作者為台灣北社社長）

【論國家語言發展法與母語課綱】

黃修仁2020-10-27

　　國家語言發展法第三條明定：本法所稱國家語言，指台灣各固有族群使用之自然語言及台灣手語。保障於第四條：國家語言一律平等，國民使用國家語言應不受歧視或限制。執行層面規定於第十八條：本法除第九條第二項規定於十二年國民基本教育課程綱要總綱自國民小學、國民中學及高級中等學校一年級開始實施後三年施行外，自公布日施行，蔡英文總統已經於去年一月九日公佈，照理講，去年就該實施，今年也應該是國中邁入第二年才對。

　　對於十二年國民基本教育課程綱要總綱法條的實施，曾辦過多場說明會與公聽會，各界踴躍表達意見，一面倒的要求立即實施正常母語課程，以解決母語斷層的危機，除了國民小學每週有一節母語課，自二○○二年起，已實施近廿年，發現一週一節是不夠的，最少一週兩節，且應該台語和客語各一節，全班一起上課不拆班，現在是母語課時段，台語、客語拆開上課，這樣對族群融合沒幫助；國中只有少數學校開設社團課供學生選修，並不足以銜接國小升國中後的母語教育。

為了健全母語教育，因而制定了國家語言發展法，執行本應順利，然而目前執行不順，還卡在教育部課綱審議委員會，國中組、高中組課審委員猶豫不決，課審委員的主要職責，應該是審查課綱的內容是否符合教育原理、國家法令，不能逾越權限，期待這些課審委員不要違反國家語言發展法的期限規定，我們更希望文化部、教育部應該詳細瞭解箇中原由，不要任意曲解法令或故意阻撓國高中母語教育的正常發展，讓課綱早日定案，才不會辜負當初立法的美意，母語教育才有茁壯發展的空間。

　　多元社會是國際文明的準則，也是族群融合的潤滑劑，亦是先進國家的指標，否則像內蒙古禁用蒙古語文引起強烈抗爭，社會動盪不安，將會得不償失，台灣已是文明社會，不再是一言堂，早獲國際肯定。多語言多文化內容才能使我們的下一代更優秀，更有國際優勢，期待教育部從善如流，遵照國家語言發展法行事。（作者為台灣北社理事）

【打通正常國家任督二脈良方
~建構文化教育主體性】

李川信 2021-03-16

今年欣逢台灣文化協會百年紀念，也意謂著台灣人百年來的國家夢想，在近20年各界積極推動正名制憲入聯的同時，唯有建構台灣文化、教育的主體性，才是真正打通邁向正常國家的任督二脈良方。

歷史是文化的根源，而文化即是生活，重視歷史，人民自會探索自己生長土地上的生活變遷。台灣主體性教育的意義，在於認識台灣各族群的語言、文化及台灣的史實，以建構共同的歷史記憶，形塑人文關懷的民族，終而形成認同土地的國民，建設台灣為一個正常的國家。

針對台灣主體教育的問題，近幾年的民調均顯示，在「各級學校增加台灣史地內容、加強母語教育、及培養台灣文史研究人才等」議題上，都有80%以上民眾支持，顯見加強台灣本土教育已成民意主流。如何順應這股主流，培養台灣主體意識，教育部早已認知為刻不容緩的重任。

2004年杜正勝接棒教育部長後，馬上提出以「培養現代國民」、「建立台灣主體性」、「拓展國際視野」、「強化社會關懷」，做為未來4年施政主軸，這也是提出台灣主體性教育的第一位教育部長；經過4年的推動與落實，造就太陽花運動的天然獨，影響斐然可見。

2016年民進黨再度執政，潘文忠擔任教育部長，啟動108課綱修訂，現行高中課綱台灣文史比重大幅增加，文言文比例相對調降。國家語言發展法立法後，教育部也確定本土語言在12年國教中全面實施，從2022年正式上路。同時文化部亦啟動國家文化記憶庫，重建台灣藝術史工程，這些都為推動主體文化教育奠基。政府有為，也應結合民間力量，建構寬廣完整的論述，讓台灣的文化與教育更蓬勃發展。

台灣國家認同的分歧，其根源來自缺乏主體教育。教育的內涵深深影響認同，教材是教育的靈魂，學生最感興趣的教材就是與自己生活相關的教材，職是之故，主體教育必須從國民教育開始實施，所有的課程綱要、教材編寫、教師的教學、學習評量、基本學力測驗、國家考試的試題，都應以台灣本土為思考中心，如此才能培育熱愛鄉土、捍衛國土情操的現代國民。

文協百年後的2021年，台灣文化、教育主體性的建構是無可逆轉的核心價值，核心價值堅定台灣人的意志和信心，在這基礎下，台灣邁向正常國家指日可待。（作者為台灣北社社長）

憲政司法篇

【迎接憲法時刻，準備好了嗎？】

陳儀深2015-01-08

去年三月太陽花學運的訴求，從「反黑箱服貿」到「先立法後審查」，而且四月初就提出民間版的「兩岸協定締結條例」草案。這是從程序問題轉為實質問題的關切。

兩岸經貿文化交流密切，政治上的互相定位卻南轅北轍，共產黨的粗硬霸道和國民黨的顢頇逃避是問題核心。數萬學生的公民不服從運動，主要就是挑戰這個。當時確實創造了難得的「憲法時刻」。可惜馬總統習慣擺爛，幾乎就錯過了。

最近九合一選舉國民黨大敗，馬英九請辭主席，唯一競選主席的新北市長朱立倫拋出了憲改議題，立刻取得戰略高點，不但獲得李前總統稱許，民進黨主席也以召開國是會議來回應。一時之間，內閣制總統制的話題又被炒熱，又令人感覺到難得的憲法時刻就要出現。個人認為，李前總統主要是鼓勵朱立倫出來承擔責任，認為他拋出憲改主張也是正確方向，至於內閣制總統制的選擇，隨後老人家的發言已轉趨謹慎。

回顧一九九〇年野百合學運，主張解散國民大會、廢除臨時條款、召開國是會議、訂定政經改革時間表，在在牽涉憲改。當時李總統在總統府接見學生代表、承諾召開國是會

議，從而開啟透過憲改進行民主化工程的契機。民進黨的因應，除了一九九〇年春成立憲政研究小組，經多次研商提出〈民主大憲章〉，其中主張單一國會、總統直選，總統為憲政中心但保留國會和行政院的對話，也就是接近法國第五共和制度。

一九九一年，民進黨又結合台派社團、相關學者舉行人民制憲會議，通過〈台灣憲法草案〉，且成為該年底國大全面改選的共同政見，主張總統制，理由大致是直選的總統應有實權，以及凝聚人民意志於國家象徵的總統，有助於推動國家正常化。筆者忝為九一年人民制憲會議的籌備委員之一，手邊保留厚厚一本《人民制憲會議實錄》，見證了當時民進黨與本土知識份子共同擘劃台灣國家藍圖的苦心與識見。阿扁總統時代的二〇〇五年，也有廿一世紀憲改聯盟提出內閣制和總統制兩種版本的憲草。

要之，今天討論憲改，除了「票票不等值」之類的迫切問題需要解決，應該兼有立憲史和比較憲法的視角，善用二十幾年來上述謀求出路的經驗／資源，才能事半功倍。（作者為台灣北社副社長，中研院近代史研究所副研究員）

【修憲必須動用奧坎剃刀】

范姜提昂2015-01-22

　　無論揆諸歷史或現實，除非特定議題超聳動，否則，人民與憲法確實存在較大距離感，較難成為群起關心、名嘴爭鋒的最夯話題。當年美國制憲，採取秘密會議方式；又如二戰後日本，持續生活在美軍所制定「外來憲法」的治理下，深感恥辱而發動制憲運動，人民卻不夠熱中，至今沒有實現。

　　我國若能藉由太陽花能量，實現由下而上修憲，最為理想；若不夠理想，體制上，政黨本就該負起「修憲代理人」責任。傳統上，選民也大多憑藉政黨信賴度與說服力行使同意權。唯當下，網路火力強大空前，追究功力無所不能，政黨若被確定再度敷衍人民，必遭報復！去年殷鑑，不遠。

　　掐指算算，春節過後，即使「總統大選應改為四月底」的主張獲得採行而多出三個月，兩會期相加，也大約只有半年時間，對修憲來說，極短促。

　　朱主席與蔡主席的修憲決心都被質疑中，何不速速聯手召開憲改會議？否則，兩人皆非總統，與歷史經驗不符，如何有力連結國家修憲體制？再者，快刀斬亂麻，最好活用「奧坎剃刀Occam's Razor」理論。這個理論已出現六百多年，但隨數位資訊爆量，理論更顯緊要：相類似的解決方

案，最簡單就是最正確！

　　正確寫法的憲法本身就是「剃刀理論」最好印證，既為根本大法，自始就該「剃掉」枝節，只立根本，再隨自然展開或更新枝葉，而可長可久；今日之累，就累在當年把憲法細寫到像法律，這次只要能做到「法律位階」合理重整，便算成功。

　　進步憲法中，「德國基本法」算是寫得很細，但勢必隨時代變遷者，譬如第三十八條有關「聯邦議院選舉」部分，只規定「普遍、直接、自由、平等和無記名」原則，具體「如何選」只寫：「由聯邦法律予以規定。」我們熟知的「單一選區兩票聯立制」半個字都沒出現。

　　以簡馭繁，憲法正道！全面修憲理想，恐怕遠大有餘，結果難料；不如遵循剃刀理論原則：一、該屬憲法根本層次，卻公認是錯的，改掉！譬如投票年齡及超高修憲門檻；二、不該屬憲法層次者，拉下，改成「由法律規定」，譬如國會之選制、員額及選區劃分等；讓枝節與時俱進，由後面的新國會們去喬，去變遷。（作者為台灣北社理事兼法政組副召集人）

【降低修憲門檻，國際緊張？】

范姜提昂2015-03-19

　　因為門檻超高破表，原以為「降低修憲門檻」乃天下共識，是活絡「憲法生命力」不二法門；但民進黨表態主張降低之後，才凸顯國民黨自始悶燒「反對」基調，也讓人回頭注目二月四日「中國評論社」的評論員文章。

　　文章批評李總統「以修憲盟主自居」，說獨派「以修憲包裝制憲」之企圖昭然若揭；並直指「重點」在「降低修憲門檻」就像潘朵拉盒子被打開！說這次，會像二〇〇四年的扁政府憲改，因為「動作太大」招致美國警告不得觸及領土主權，鬧到沸沸揚揚。

　　首先，十一年物換星移，非必然；而所謂「修憲包裝制憲」乃正宗美國創意，二戰後，美軍占領日本期間，美國強迫日本接受由「聯軍總部」美方律師所撰寫的「外來憲法」正是以「修改明治憲法」之名義，高壓運作！絕大多數日本人都是美軍撤離後，才得知真相。

　　這個標準的「以修憲包裝制憲」無疑是麥克阿瑟將軍監製作品。一九五二年，日本恢復主權後，各界譁然，重新制憲之呼籲此起彼落；但至今，依舊一字未改。眾所皆知，最近，安倍首相在美國支持下，正在進行首度修憲工程。

身為外國人，不便，也沒有能力評論日本自始至今，接受外來憲法的真正因緣；但誠如日本政論家伊藤哲夫指出的「台日共同點」：兩國追求新憲都有「禁忌意識」；且長期以來，兩國在媒體與教育形成的「維持體制」神話，都根深柢固。

　　不過話說回來，所謂「降低修憲門檻，導致國際關切」說，就亞太政軍形勢而言，並非不可能；獨派很克制，也是事實。憲法增修條文惹議處，除「前言」之外，就是「固有疆域」之變更，其修改門檻與「修憲」相同，但並非同一條款。

　　所以，可以朝以下方向協調：保留第四條「變更疆域」高門檻，而只降低第十二條「修憲」門檻。因為對獨派，對國人，對國際，保留涉及統獨之「高門檻」都具有「安全瓣」功能；獨派尤須考慮，統獨公投一次未過，可能須相隔十年再辦；因此「二階段公投」最為妥當：先提降低「變更疆域」門檻之修憲案，若公民複決同意，表示公民已有充分心理準備進行統獨公投；若未通過，則表示時機未成熟。這樣做，於國人，於國際，都是安全瓣；對國際，最具說服力！（作者為台灣北社法政組副召集人）

【九七修憲vs.今日修憲】

陳儀深2015-04-02

　　研究台灣政治著有成績的日本學者若林正丈，把一九四九年以後的台灣政治發展歸納為「中華民國台灣化」的過程，也就是蔣介石從中國移來台灣那一套代表中國正統的政治結構，與實際統轄的土地與人民「逐漸相符」的一種政治變動過程。不過，個人認為領導人的因素也很重要。

　　蔣經國解嚴之後李登輝繼位，九〇年代推動的六次修憲不但促成民主化，更使台灣「國家化」。前三次修憲由於國民黨掌握國民大會四分之三以上席次，過程單純，但是一九九七年的第四次修憲，由於新黨出走、國民黨已失去絕對多數的優勢，必須與民進黨合作才行；李登輝先邀集朝野召開國家發展會議取得若干共識，而民進黨主席許信良亦操作政黨合作路線，結果在總統直選的前提下，不但達成凍省（省府虛級化），並且拿掉閣揆同意權，引進解散倒閣制度，達成若林教授所稱的「台灣式的半總統制」。

　　當時除了凍省是李登輝和民進黨的「共同理想」，其他憲改內容不免各有算計，如國民黨的連戰因難以得到立法院支持，所以拿掉立院的閣揆同意權是國民黨想要的；而許信良和他的幕僚鍾情於法國的雙首長制，不惜「夜奔敵營」（夜會李登輝），背後的假設是民進黨短期內無法選上總統、必須透過聯合內閣才能分享權力。不過民進黨內部一度

分裂，即美麗島系和新潮流系支持許主席，而福利國和正義連線比較從民族主義以及延續過去台灣憲法草案之承諾的角度主張總統制，最後因國民黨內部出現反對凍省、反對停止五項選舉（包括鄉鎮市長）的保守勢力集結，「總統制推動聯盟」不敢背負破壞憲改的罪名，遂功虧一簣。

　　不論喜歡與否，當時兩大黨主席李登輝和許信良對於憲政制度都有主見、都是強勢領導，應是九七修憲得以完成的主因。如今經過兩次政黨輪替，比較不像九〇年代那樣流行整套制度或整部憲草的倡議，往好處想是接受（經過偷天換日的）「中華民國台灣化」的現實，進行點滴改革；壞處方面則是缺乏想像力。好在經過太陽花運動的洗禮，政黨對社會力比較知所敬畏，大家關切的修憲主題已漸浮上檯面，政黨應把握時程，及時在立法院通過方案，以便在二〇一六年把台灣的民主化、國家化推向更進步的階段。（作者為台灣北社副社長，中研院近代史研究所副研究員）

【只剩一個月三大優先其實很簡單】

范姜提昂2015-05-14

第一階段修憲當然是以「能為第二階段鋪路」者優先；又因為只剩一個月，邏輯必須最合理，處理必須高效率。

第一優先：「降低修憲門檻」非優先不可，因為現行的超高門檻形同不准修憲，若不修或修不成，都是國史國會之恥！偏偏傳說兩大黨都有顧慮，說是降低修憲門檻可能涉及統獨，怕美中都有意見。

顧慮，可以理解，但只要排除顧慮即可！豈可全面自斷改革經脈？何況解方很簡單。憲法增修條文「完全相同的超高門檻」有兩處：一是第四條的「領土變更案」；二是第十二條的「憲法修正案」。議論中的是第十二條，確實很容易被認知為「領土變更」也包含在內，很簡單，提案寫清楚：「降低第十二條修憲案門檻，第四條領土變更案門檻不變」。

如果還不夠，那就寫明：凡涉及統獨之修憲門檻比照第四條。雖有點突兀，但反過來可以把「降低領土變更案門檻」是否通過公民複決，視為國人是否確定「要辦統獨公投」指標；若通過表示確定，便可據以說服國際支持我國統獨公投。

第二優先：連「公民權利不要講」的中國，其憲法第三十四條都規定年滿十八周歲公民「都有選舉權與被選舉權」，投票年齡降為十八歲，沒有理由不通過。

第三優先：國會選制「扭曲民意比例結構」若不改革，一切白談。有賢拜說現行「兩票併立制」對執政不良的「懲罰效應」很強，主張不要改。客觀分析所謂「對執政不良的懲罰效應很強」其實是因為併立制的不公設計：贏的一方只要五成得票率便可鯨吞七成席次！而其關鍵在於只有「三成不分區席次」依據得票率公平分配；其餘「七成分區席次」則須在各區爭奪「贏者全拿」的一席，小黨不敵大黨！即使不分區席次提高為五成，也無法彌補另外五成席次的不公；以「總得票率」分配「總席次」才能抓準公平性。

但想要各黨喬到滿意，來不及了！選制本該與時俱進，德日憲法都規定「以法律定之」，同理，只要刪掉選制規定，改為「以法律定之」由國會立法即可。若這麼簡單又不影響明年選舉卻仍不願意，莫非難捨選制不公的甜頭？小心上有天理！（作者為台灣北社理事兼法政組副召集人）

【假如小英與習近平談憲法夢】

范姜提昂2015-06-11

　　小英說：「要在中華民國現行憲政體制下，持續推動兩岸關係的和平穩定發展。」選擇從憲政體制切入，堪稱空前；而習近平也談憲法夢，有互動想像空間。

　　一中，中共神主牌。由歷史文化看，與法統、正統觀念相關。當年毛蔣鬥爭，都說要代表全中國；史上到底誰正統？連宋朝的司馬光、歐陽修都鬧爭議，可見並無鐵論。一中鐵板一塊，原本沒得談，但習與小英先後從憲法切入，就當夢幻！雖然在中國，利害機要處往往是「黨」壓倒憲法。

　　習近平出身很不一樣！中共最高領導人出身北方，他是第一位！籍貫陝西。中共「開國十大元帥」全部南方人；令人訝異的是習近平的中央軍委會全部安排北方人！明顯用地域情感抓緊槍桿子，準備大幹一場！他是異數，最近推「一帶一路」只要想像站在陝西，放眼西域，就能感受豪情壯志！一個鬱卒的北方人。

　　習近平很有歷史感，小英或可假想從依法依憲角度看政策：一中，台灣早已終止戡亂；說世界上只有一中，沒意見！且肯定一中就是中華人民共和國。

　　至於海峽兩國「同屬一中」、台灣為中國領土，這是法統觀念的延伸；但與「憲政主義」同時產生的統治觀念則認

為：統治正當性來自「被統治者同意」。而「同意被統治」者的居住地就是領土；與「民族想像」及法統都沒有關聯！

中國憲法之前言：「台灣是中華人民共和國的神聖領土的一部分」且成為「反分裂國家法」對台用武的法源。憲法與領土是存在某種「關聯」，但揆諸美日德各國憲法皆未寫領土；中國四個憲法版本及四個修正案也都沒寫，卻獨獨在「前言」揚言台灣為其領土，憲法體例太突兀！

事實上，從習主席在意的憲法角度，領土與憲法的關聯應該是：憲法完全實施的地方就是領土；司法裁判權管得到的地方就是領土。依此標準，二戰後，台灣非日本領土；一九四九年以後，中國不再是中華民國領土，而中華人民共和國領土也從未及於台灣。

重點：統治者獲得被統治者同意，才有統治正當性，而統治者與被統治者簽訂的社會契約，依性質，可以叫做憲法。習主席重視憲法，當如是觀。（作者為台灣北社理事兼法政組副召集人）

【憲法有沒有保障採訪自由？】

范姜提昂2015-07-30

如果用新聞、採訪等關鍵字，搜尋「憲法及增修條文」會發現：我國現行憲法並沒有提到新聞自由或採訪自由；但事實上，新聞與採訪自由，國人早有共識。難道採訪自由，沒有憲法保障？

這就是為什麼小英要說「依據憲政體制」處理台海兩國關係的關鍵：不可能單靠憲法！必須憲法加上憲法合理化、完備化與本土化所形成的憲政體制（法律體系）才足以適用國家之治理。這個相對完備的憲政體制，很關鍵的構成要素就是大法官釋憲。

現行憲法第十一條：「人民有言論、講學、著作及出版之自由。」看似沒有提到「新聞自由」，但二〇一一年司法院「釋字六八九號解釋」之理由書明文說明：「為確保新聞媒體能提供具新聞價值之多元資訊，促進資訊充分流通，『滿足人民知的權利，形成公共意見』與達成『公共監督，以維持民主多元社會』正常發展，『新聞自由』乃不可或缺之機制，應受憲法第十一條所保障。」除了點出「新聞自由」為憲法第十一條所保障，「六八九號解釋」接著說：「新聞採訪行為則為提供新聞報導內容所『不可或缺之資訊蒐集、查證行為』，自應為『新聞自由』所保障之範疇。」

「六八九號解釋」在「理由書」中明文將「新聞自由」及「採訪自由」連結到憲法第十一條的人民基本權利，在我國憲政體制發展史上是第一次！「六八九號解釋」大法官黃茂榮的「協同意見書」就指出：司法院歷年釋憲「未曾提及新聞自由」，惟在歷屆大法官的意見書中「一直都將新聞自由與言論自由併列」。

　　他說：「若謂新聞自由已是國內『相約成俗』所肯認，受憲法第十一條所保障之基本權利，應不為過。」並點出「六八九號解釋」有個很亮眼的重點：（本段解釋理由）在主體上，還旁及「一般人為提供具新聞價值之資訊於眾，或為促進公共事務討論以監督政府，而從事之新聞採訪行為」。

　　也就是說（尤其網路時代）：一般人也享有採訪自由，只要是為了「提供具新聞價值之資訊於眾」或「為促進公共事務討論以監督政府」。可見除非違犯其他法律，不但不該抓記者，在現場拍照的任何人都不該抓！抓？沒收手機？違憲。（作者為台灣北社法政組副召集人）

【制憲的前景與困境】

葉賽鶯2019-05-21

正名、制憲與入聯，是本土社團與政黨的共同目標。就正名而言，本土社團幾乎都冠名台灣，國人出國也都自稱來自台灣；就入聯而言，陳水扁前總統在任後期曾以台灣名義申請入聯，民間也持續推動入聯工作。唯獨制憲一事，民進黨雖曾提出新憲草案，惟未成立專責推動單位，而本土社團截至目前至少提出七個制憲版本，可惜還未整合力量，積極推動。

所幸今年一月，辜寬敏先生捐助成立「財團法人台灣制憲基金會」，邀集多位法政菁英，著手推動制憲，並獲得前行政院長賴清德及不少在野黨和民間社團的響應。基金會成立後，積極在各地推動制憲會議及活動，希能盡早擁有一部合身合時合地的台灣新憲。台灣北社也在三月成立「制憲推展小組」，四月間，小組召集人陳輝雄常務監事即已整理民間六個版本的台灣憲法草案對照表供參。以上種種，讓人感受到制憲行動已經向前邁進一大步，整合版新憲重要內容或能早日達成共識，並獲民眾支持。

不過問題在於，即使持肯定態度的賴前院長也不否認，目前制憲有國家認同等難點，國內大中國思維的反對者完全否定台灣制憲的必要性。持平而言，根本問題在於是否能讓

多數台灣人感受需要一部優於「中華民國憲法」的新憲，而其可能遭遇的困境何在，試分析如下：

困境一，制定於中國而施行於台灣的現行憲法已經超過七十年，在台灣增修條文也已運作二十多年，如今總統制或內閣制、五權分立或三權分立、正當法律程序入憲等等重大爭議層出不窮，有人不免置疑：難道不能繼續以修憲替代制憲？

困境二，台灣新憲有哪些重要條文有別於現行憲法並優於現行憲法且能運作無礙？此等重大內容尚未明確呈諸國人面前，提供各方討論，遑論達成共識。

困境三，即使上述困境解決，如何使新憲版本獲得多數人民支持，仍是制憲成敗的關鍵所在。

事在人為，亟盼制憲基金會面對困境，勇於突破，並廣納眾論，結合正面力量，扎根基層推展制憲理念，掀起當年「牽手護台灣」的風潮，一旦多數民眾體認新憲的優越性及必要性，則制憲期程必將早日到來。（作者為台灣北社監事）

【期待制憲如防疫成全民運動】

葉賽鶯2021-02-02

「台灣新憲聯合陣線」日前成立，揭明「創造新憲法、邁向正常國家」主旨，獲得上百民團熱烈響應，當日終身奉獻制憲議題的台灣制憲基金會辜寬敏董事長，與曾研擬新憲草案的台大李鴻禧名譽教授，都鏗鏘有力、激昂慷慨地，細數四十多年來參與制憲活動的心路歷程，當場更有不少青壯世代的有識之士，也就新憲表達看法及參與意願。期待制憲能蔚為風潮，有如台灣防疫成為全民運動。

武漢肺炎肆虐全球，而台灣防疫有成，得力於人人戴口罩、勤洗手，社交保持安全距離，並且關心疫情發展保持警戒，身體力行對抗疫情。國內防疫成功，進而援助他國，享譽國際，指揮中心與醫護人員賣力使防疫蔚為全民運動有以致之。雖然近日疫情因桃醫院內感染，遭受考驗，不過藉此提升防疫動能，相信台灣必能安然渡過此一難關。

制憲如像防疫，也能成為全民運動，人人關心相關議題，制憲必能期其成功。諸如國名為何、環保、勞動、文化、數位科技等新興基本人權、三權或五權分立等，尤其是國家名稱，是中華民國？台灣？中華民國台灣？中華台北？台澎金馬？國內外都混亂分歧，值得全民勇於面對，深切論辯。

日前有位前部長受邀演講，談及國家文化記憶庫、國家人權博物館等，要以國家團隊，提升國際能見度云云；試問此一「國家」要以怎樣的國名稱之？猶如個人，叫做張三、李四或王五？至關緊要，蓋名不正則言不順。

　　現行憲法規定「中華民國」，如被簡稱為「中國」，有錯嗎？又譯成英文為「China」，國人持「China」護照全球趴趴走，常被誤會是中國人，華航載著「China」到處飛，連受贈口罩的外國，都誤會是中國送的？ＷＨＯ更將台灣疫情納入「China」中，難道不是咎由自取嗎？

　　以國家正名為例，只有制憲才能達成；想要入聯，也非有自己的國名不可。主張國名為「台灣」者，固要推動制憲，而維護「中華民國」或其他名稱者，也宜推動制憲，因為勇敢接受全體民意洗禮，才有資格做現代民主憲政國家的真正主人。

　　建議新憲聯合陣線，將制憲重要內涵化繁為簡，學習防疫做法，推展為全民運動，應有助於制憲早日完成。（作者為台灣北社理事兼法政組召集人）

【宇昌案是台灣民主的傷痛】

黃帝穎2015-10-29

　　台北地院針對宇昌案，認定前經建會主委劉憶如不法侵害蔡英文名譽權，判決劉憶如敗訴，應賠償蔡英文二百萬元。雖然蔡英文個人名譽可以回復，但中國國民黨抹黑宇昌，對台灣公平選舉的民主價值與生技發展的嚴重傷害，已無以彌補，二○一二年總統大選更無法重來。因此，台灣人必須記取國民黨惡質抹黑的教訓，宇昌案讓抹黑者在民主選舉中獲勝、得逞，是台灣民主的傷痛。

　　民主的選舉機制，人民有權獲悉正確的政治資訊，以決定理想的公職人選。也就是說，國民黨與馬政府以變造文書等不法手段抹黑宇昌與蔡英文，在二○一二年總統大選前誤導選民，已嚴重傷害公平選舉的民主價值。

　　猶記得，國民黨在總統選前大打宇昌案，當時的經建會主委劉憶如公佈經過變造的文書，並透過時任國民黨大黨鞭林益世召開記者會，散佈「蔡英文圖利自己」等不實消息，國民黨立委甚至加碼抹黑中研院長翁啟惠、國際愛滋防治權威何大一等人是科技業敗類、三七仔，國民黨及外圍組織也大買媒體廣告抹黑宇昌，馬總統更在辯論時順勢以宇昌案質疑蔡英文，顯見國民黨為了贏得總統大選，不惜傷害台灣的

生技產業發展，踐踏公平選舉的民主機制。

　　宇昌案的真相，無論蔡英文在選前召開數次記者會、發佈數十篇聲明或新聞稿，但在國民黨強力抹黑下，人民始終被錯誤資訊干擾而疑惑，尤其是特偵組在選前主動分案，扣押宇昌案公文，同時媒體配合報導宇昌案「撥款速度異常」，整個國家機器抹黑宇昌，從經建會、國民黨立委到特偵組，搭配擁有龐大黨產的國民黨廣告與媒體渲染，總統選舉投票前，社會大概難以相信，在馬總統勝選後的幾個月，時任檢察總長黃世銘與他的特偵組，在對宇昌案用「顯微鏡」的嚴格檢驗後，發現宇昌案確實「查無不法」，只能予以簽結。

　　如今，台北地院判決劉憶如敗訴、特偵組認定宇昌案查無不法，司法雖然還給蔡英文「遲來的正義」，但對選民而言，在選前誤信經建會公文、誤信特偵組偵查、誤信馬英九與林益世的道貌岸然，都已「回不去了」，台灣人只能無奈地記取教訓，避免台灣的民主選舉，出現下一個宇昌案。（作者為台灣北社理事，律師）

【扁案是政治迫害，沒有重審，無罪特赦！】

林冠妙2016-04-14

　　了解前總統陳水扁病情的醫界率先呼籲特赦後，傳出要求重審平反的呼聲，但扁案是徹底的「政治」案件非「法律」案件，無法重審以司法處理，且陳前總統的身體已被凌遲到無法出庭，如何面對破產的司法、期待公平審判？政治案件只能政治解決，就是特赦！

　　當二次金改案一審宣判無罪，馬英九伸出黑手、宴請司法院長及檢察總長等人，公開宣稱「司法不應悖離人民的期待」，再次宣告扁案為政治審判，加上中途換法官、特偵組教唆辜仲諒作偽證、實質影響力說、最高法院自為判決等，馬政權祭出「政治」，憑什麼要求以「法律」救濟？

　　重審扁案？據中正大學最新民調，逾八成民眾不信任司法，「民進黨上台後，法院就不是中國國民黨開的？」當年法務部長陳定南曾言「管不動檢調」，許多法官、檢察官都是威權遺毒，醫療小組一再疾呼，有三病症危及生命，陳前總統等得到司法改革嗎？再審或重啟調查都不可能。

　　保外就醫中的陳總統，和坐牢沒什麼兩樣，不能無所顧忌地陪扁媽、夫人散步、帶孫子外出玩耍，不能參加公開活動，甚至不能去投票，還得擔心要回監，而曠日廢時的重審過程，正反雙方的政治攻防勢必引發政治風暴，這些都是政治問題。

特赦要有社會共識？當年美國福特總統也是考量前總統尼克森身體狀況不佳，不顧反對聲浪，無條件特赦還沒被定罪的尼克森，也沒要求要道歉，還指稱特赦使得尼克森和國家在「美國悲劇」中減少痛苦，難道尼克森不用司法審判、給個交代？難道福特不用尋求社會共識？因為這是政治問題。

特赦要先認錯、道歉？是馬英九、特偵組要認錯向人民道歉！特偵組和蔡守訓等一干人等要先查辦，給國人一個交代！

特赦代表有罪？中國國民黨人士一直誤導、譏諷有罪為什麼要特赦？還搬出憲法、特赦法，聲稱特赦只「免除其刑罰」而非「免罪」，卻不提赦免法第三條後段「其情節特殊者，得以其罪刑之宣告為無效」之規定，罪刑宣告無效，意即無罪特赦，美麗島事件特赦就是適用此規定，也沒要求道歉，更無定讞、道歉或認罪等條件，要求認錯道歉，也是政治問題。

特赦是總統獨有的權力，免刑特赦或無罪特赦，全視總統的決定。（作者為台灣北社理事）

【撤告是究責的開始】

黃帝穎2016-05-27

行政院長林全上任首日即批示公文，對太陽花學生運動撤告。政院表示，現今太陽花學運的訴求已普遍成為社會共識，立法院也依據該訴求針對兩岸協議監督條例進行立法，凸顯出太陽花學運的正當性與社會貢獻，因此決定撤回刑事告訴。

新政府的撤告值得肯定，但在政院撤告之後，仍有兩個問題必須解決，其一是對於國家暴力的究責；其二是對非告訴乃論罪的處理。

北檢起訴學運參與者百餘人，但三二三行政院「血腥鎮壓」，江宜樺、王卓鈞下令警察暴力驅離，警棍與盾牌將手無寸鐵的學生、醫生、老師與民眾打得「頭破血流」，其中有一位七十六歲的老先生周榮宗，跟著人群到政院保護學生，警察看到老先生不便站立，不僅沒有上前攙扶，還吆喝「打死他」，台北地院審理確認周老先生「因警方上開驅離行動，而受有肋骨閉鎖性骨折（左側第十至十一、右側第八）、腰椎橫突骨折（兩側第二至四）合併後腹腔血腫等傷害」，即法院認定周老先生被警察打到嚴重骨折、內出血。

周老先生被警察毆打成傷後，長期住院治療，因舊病新傷而不敵病魔，於去年三月二十一日病故，但法院卻因為周老先生「未能具體特定毆打其之警員身分」，裁定駁回周

老先生的自訴，而未審理江宜樺、王卓鈞下令「血腥鎮壓」的共犯責任。

更荒謬的是，北檢對下令血腥鎮壓的江宜樺、王卓鈞等權貴連傳喚都不敢，只懂奉承上意大規模起訴學生與民眾，擺明選擇性執法。因此，學運期間的國家暴力問題，仍有查明真相、追究責任的必要。

其次，政院撤告後，學運參與者尚有因妨害公務等非告訴乃論罪，仍於法院審理中。在個案救濟上，除了檢察官就妨害公務等要件有舉證不足，顯屬濫權起訴外，法院亦得依據「公民不服從」、「抵抗權」作為阻卻違法事由，判決運動參與者無罪。

然而，參與學運的被告，歷經多年司法纏訟，還未必能獲得平反？現行赦免法第三條規定，對於尚未起訴或訴訟繫屬中的案件，總統是否有權實施特赦而予以免訴，並未有明確規定，因此立法院可參考美國法例，修正赦免法，以利評估「特赦」尚在法院審判中的學運參與者，確立太陽花學運的歷史正當性。（作者為台灣北社理事，律師）

【重大案件審理應該直播】

吳進生2016-07-21

「設計國家」需要思想，更需要執行創意的創意。設計是重要的工具，我們透過傑出的「設計」，能讓台灣社會更符公義。

這些年來，台灣有許多冤獄，在法庭上不公開、不透明，讓惡質法官不依證據辦案、及程序正義，常常是個重要因素。如果我們要求重大案件審理開放錄音、錄影之外，還可以直播，讓廣大的民眾，可以親眼看看法官如何審案？律師如何答辯？書記如何記錄？這是否是一個聰明的設計。

台灣社會愈來愈開放，但仍有許多冤案、冤獄，造成這樣的現象，跟法庭不公開、不透明有關。陰暗的角落，容易孳生蚊蠅，見不得陽光的地方，會有不公不義的事產生。偏偏有時不公不義的事，卻發生在應該公平公正的法庭。如果我們透過設計，讓法庭公開透明，讓法官審理過程攤在線上直播的民眾眼前，台灣社會的公平公正，確信會大大地向前邁進。至於「重大案件」該如何定義，不妨由大眾與法界共同研議。

過去在白色恐怖時代，我們知道有多少人冤死在獄中，有多少冤案到現在仍無法還以清白，在那個人命不值錢、哪裡不死人的年代，一般大眾就透過電視裡的包青天連續劇，來紓解壓力。

當扁政府上台後，綠營人士都說「我們贏了」，也開始期待，所有的冤獄、冤案，是不是有撥亂反正的一天？小英上台承諾司改，讓民眾又燃起一絲希望。

　　台灣的線上直播工具很多，也有愈來愈多的直播平台，要直播法庭審案輕而易舉，建議小英政府，開始推動法院、法官審理重大案件的現場直播。

　　要推動法庭的線上直播，可預見部分的法官會反對到底，因為若有私下交易，很容易就在民眾眼前曝光，法官的嘴臉也一覽無遺。

　　我們知道要推動這樣的行動，雖有萬難，但也不是不可行，這只需要一個小小決定，決定需要勇氣，勇氣來自愛心。當今的民進黨在立法院是多數黨，人民能對新政府再燃起一絲希望嗎？

　　西諺說：「你們不自由，因為你們不識真理；你們必曉得真理，真理必叫你們得自由。」轉型正義的司改，期許從這樣採溫和手段，取漸進措施，走出黑暗，自小小的直播開始。（作者為台灣北社國際組召集人、台灣設計協會創辦人）

【馬案司法公正的照妖鏡】

黃帝穎2016-10-27

馬英九卸任總統逾五個月,司法卻對馬案未有積極作為,讓社會普遍質疑司法的公正性。縱然下月八日,台北地院在柯建銘自訴馬英九洩密等案中,首度以被告身分傳喚馬到庭,但這也凸顯檢方就馬被告大巨蛋圖利遠雄案、黃世銘洩密案及富邦併北銀等二十五案,未曾依法傳喚被告,更未如陳前總統一卸任即限制出境,顯有政治差別待遇。

馬案之所以是司法公正的照妖鏡,是因為馬英九的犯罪行為,在幾個案件中(如黃世銘洩密案及大巨蛋案)已非常明確,這讓正常司法毫無閃避的空間,因此特偵組拒辦馬案、北檢罕見駁回保全證據聲請、遲未傳喚被告馬英九,更未有限制出境等強制處分,照妖鏡已讓檢察體系中「吃案護馬」的黨國遺毒逐一現形!

台灣民主法治要進步,人民不會要求司法重蹈違法辦扁案的覆轍。因此,人民不會要法院「換法官」至羈押馬英九為止;也不會要求北檢學特偵組,檢察官排排站開記者會宣誓「馬案辦不下去就下台一鞠躬」,因為這違反刑事訴訟法檢察官「客觀性義務」;更不會要求北檢效法特偵組,如同二次金改案「恐嚇證人」杜麗萍或對辜仲諒的「教唆偽證」。人民僅僅要求司法,確實「依法」公正辦馬案。

至少有兩份公文書,讓司法無法吞下馬案。其一是台北市政府廉政委員會的大巨蛋案調查報告書,載明李述德錄音

譯文，足認馬前市長與遠雄趙藤雄的九二〇程序外接觸，馬擅自免除法定應記載事項「營運權利金」，涉犯貪污治罪條例圖利罪。

另一份公文書則是高院判決書，依據台灣高等法院一〇三年矚上易字第一號判決書揭示，馬於一〇二年八月三十一日對羅智強及江宜樺洩密；九月一日馬教唆黃世銘到官邸續就偵查中個案為洩密；九月四日黃世銘原無犯意，但依馬指示向江宜樺洩密。馬犯三次洩密罪之罪證明確。

當年，檢方聲押扁的原因是「曾任總統，對潛逃管道較一般人更為熟稔，而有逃亡之可能」，且「卸任總統，影響力未盡失，不能容任在外」，同樣涉犯貪瀆的馬前總統，也符合扁案的聲押原因，檢方何以差別待遇？

退萬步言，馬曾有美國綠卡，且其女兒為美國籍，長年滯留美國及香港，馬一旦離境，將可以依親等法定事由滯外不歸，刑法將難以訴追，院檢若公平對待前總統案件，至少應對馬限制出境，才可能重建人民對司法公正的信賴。（作者為台灣北社理事，律師）

【馬毀憲亂政國會應彈劾】

黃帝穎2016-11-09

日前台北地院審理柯建銘自訴馬英九洩密等案，首度以被告身分傳喚馬到庭，這除了凸顯原本依據刑事訴訟法「公訴優先」的北檢，未積極偵辦馬案，程序竟比法院自訴還要落後的荒謬現象外，更讓社會重新檢驗時任總統馬英九與檢察總長黃世銘共犯洩密、監聽國會的「毀憲亂政」問題。

事實上，九月政爭中，馬英九除與黃世銘共犯洩密外，更有特偵組濫權監聽國會、總統開除國會議長王金平等「毀憲亂政」行逕，馬的違法濫權不只被法院認證（刑事判黃世銘有罪定讞；民事判王金平黨籍勝訴確定），當年更引起國際媒體關注，害台灣民主蒙羞。

其中，馬英九犯三次洩密罪已非常明確，依據台灣高等法院黃世銘洩密案的確定判決書（台灣高等法院一〇三年矚上易字第一號），足見馬英九於一〇二年八月三十一日持黃世銘已洩露之偵查中秘密，對羅智強及江宜樺洩漏，涉犯洩密罪；九月一日馬英九要求黃世銘到官邸繼續就偵查中個案洩密行為，涉教唆洩密罪；九月四日原無犯意的黃世銘依據馬英九之指示對江宜樺洩密，馬涉教唆洩密罪。

然而，北檢對於已卸任逾五個月的馬英九遲不法辦，對比陳水扁一卸任即境管，檢方辦案的「政治性差別待遇」，

已嚴重傷害國人對檢察官公正執法的信賴。因此，對於馬英九「毀憲亂政」，人民除了持續要求北檢依法究責外，國會更應依據憲法，對馬前總統發動「彈劾」。

憲法增修條文第四條第七項規定「立法院對於總統、副總統之彈劾案，須經全體立法委員二分之一以上之提議，全體立法委員三分之二以上之決議，聲請司法院大法官審理，不適用憲法第九十條、第一百條及增修條文第七條第一項有關規定。」，也就是說，國會有權對總統發動彈劾。

至於非現任總統，國會仍有發動彈劾的法律實益，因為卸任總統副總統禮遇條例第五條規定「總統、副總統因罷免、彈劾或判刑確定解職者，不適用本條例之禮遇。卸任總統、副總統被彈劾確定者，適用前項之規定。」，換句話說，一旦對「毀憲亂政」的馬英九通過彈劾，除了確立總統不得藉檢察總長監聽國會及洩密、鬥爭國會議長等「權力分立」憲政原則，更可為國家節省公帑，免去人民辛苦納稅卻對毀憲亂政者的「禮遇」。（作者為台灣北社理事，律師）

【公投法補正的必要性】

李川信2016-12-08

11月29日，立法院三讀通過「公職人員選罷法部分條文修正案」，刪除「罷免活動不得宣傳」外，罷免的提出、連署、及通過門檻也大幅降低，總算擺脫長期被人詬病間接剝奪人民罷免權的惡名。

然而賦有展現民意重大意義，可以用直接民主方式化解重大爭議的公民投票法補正，要待何時才能擺脫「鳥籠」？令人高興的是，中國國民黨立委也主動提出公投法補正提案，希望下個會期立院各黨團齊心合作，將公投法補正列為最優先法案，早日完成修法，讓公民投票的權力還給人民。

現行公民投票法有三大缺失需要補正：

一. 公投的提案、連署、及通過，應降低人數與門檻，以防止有心政黨的操控。現行公投法的提案通過門檻，需要達到公民數的一半投票，只要政黨呼籲其支持者拒領公投票，投票率低於50%，公投即屬無效。

二. 廢除公民投票審議委員會。現行公投法規定「公民投票事項的認定，由公民投票審議委員會為之。」由行政院任命的十幾位「委員」，竟有權決定何種議題可以公投，何種議題不可以公投，實乃嚴重剝奪人民的權利。

三．公投法適用事項除預算、租稅、投資、薪俸及人事外，不應設限，以展現主權在民的民主價值。

公投法能夠補正，每逢大選即可針對社會爭議，如「婚姻平權」、「日本核災區食品進口」、「以台灣為名加入國際組織」等議題進行公投，台灣習慣於公投的行使後，則「公投是洪水猛獸」、「公投不應綁大選」的荒謬言論自然就會消失，取代的將是直接民意的展現！

台灣前途由台灣人民以公投共同決定是共識；聯合國憲章中自決權高於國家憲法的規定，也必須透過公民投票的方式履現。公投可以決定「廢憲」、「制憲」，亦可決定「國號」等爭議，以公民投票應可弭平因「認同」而產生的對立，是無庸置議的事。

1964年彭明敏教授在《台灣人民自救宣言》中指出，「一個中國，一個台灣早已是鐵般的事實」，還為台灣剖畫了國家藍圖三部曲:制定新憲法、建立新國家、加入聯合國，這絕對是國人的殷殷期盼，就讓我們以公民投票來逐步落實。（作者為台灣北社副社長兼教育組召集人）

【對此次司法改革的觀察】

陳逸南2017-03-02

　　自由時報2月20日A4報導提及最高法院及最高行政法的瘦身問題，以及顏大和檢察總長質疑司改會議的績效，他指出「很多議題都是在作秀」，從司改國是會議的議題設定上，很多根本的制度面議題未被提及，效果如何有待大家觀察，請大家拭目以待。顏總長的談話是否為嗆聲？

　　查林孟皇法官在2014年11月2日發表「台灣檢察體系的違法濫權與抗制對策」論文指出，自訓政時期迄今，中央政府採行五權分立制，造成我國舉世罕見的雙元司法行政系統，也就是司法院、行政院轄下的法務部各自掌理一部份的司法行政業務，以致許多的司法改革議題，都因為院、檢對抗或機關掣肘而遲遲無法推展。而組織肥大化、各庭見解不一的最高法院，及其與司法院大法官間的權責分工事宜，也仍未能作有效的制度變革。林法官2月27日發表「司法國是會議委員向人民報告」一文，他期盼與會者秉持「理性、獨立、寬容」參與討論。真是語重心長。

　　前述法務部與司法院的對立情形，在1999年7月「全國司法改革會議」也曾出現過，依陳傳岳律師在「檢驗全國司

法改革會議之成果」的論文指出，「司法院於1999年3月30日公布司法改革具體革新措施，提出司法院對司法改革之構想措施，其中包括上述加強檢察官舉證責任及要求嚴謹證據法則等等，在全國司改會籌備中，法務部與其他各方意見即不相同，在開會三天中，雙方論戰更形激烈。」由於當時李總統未出面從中協調，而未能獲得更多的共識與結論，相當可惜。

　　該次（1999年）全國司法改革會議，最大之意見分歧為法務部與其他單位。希望這次司法改革，法務部提出「檢改三方向」，司法院提出「七大司法改革方案」，加上蔡總統的親身參與，多加探討有關「制度面議題」，千萬不要再使司法改革落空，才能迎合人民的期待。最近司改委員張靜律師2/25發表「陪審制是台灣司法界除屎良方」一文，引起司法界爭議，祈盼大家要冷靜、理性處理，審慎衡量實施陪審制，打破台灣長年以來一直遭受黨國箝制的司法黑箱。（作者為台灣北社理事）

【監委淪「護黨產」免費代理人】

黃帝穎2017-03-30

馬英九提名的全體監察委員，日前通過仉桂美、劉德勳的調查，對「不當黨產處理條例」聲請釋憲，但黨產條例與監察院「行使職權」根本無關，此聲請不符大法官審理案件法第五條第一項的釋憲要件，大法官得逕為「不受理決議」，勿理會黨國監委的「護黨產」政治動作。

媒體揭露，監察院之所以儘速通過對黨產條例的釋憲聲請，是馬提名的監委，要趕在蔡總統提名的監委上任之前，趕快通過這項聲請案。更明確的是，經比對，監察院聲請釋憲的調查意見，與國民黨新聞稿「黨產條例違憲違法洪主席：期待大法官主持正義」的主張大致相同，足以認定監院的釋憲聲請與國民黨「護黨產」的政治主張，並無二致。

姑且不論，監院針對黨產條例提出「調查意見」，所謂「調查意見」根本沒有法律依據，僅論監院調查內容，指摘黨產條例違憲，幾與國民黨相同，毫無民主素養與國際法常識。例如：監院稱黨產條例直接「推定有罪」，國民黨反而必須自證無罪，完全違反法治基本精神。

事實上，黨國監委若稍能理解國際法與德國法，應可知黨

產條例「推定」的立法設計，並無「推定有罪」或「違憲」問題。依據《聯合國反貪腐公約》第二十條規定「...公職人員之資產顯著增加，而其本人又無法以其合法收入提出合理解釋」得定為犯罪。簡單的說，類如黨產條例「舉證責任轉換」的立法設計，符合國際法例，根本沒有黨國監委誣指的違憲問題。

再者，德國處理黨產之獨立委員會於一九九二年決議中也揭示，德國要求獨裁政黨對其財產取得之正當負舉證責任（參德國獨立委員會一九九二年七月二十一日決議，第十二屆德國國會，附件二，印刷品），監委如稍有國際觀與民主常識，應不會誤信國民黨主張的「推定有罪」，違反法治精神等「護黨產」辯詞。

依據大法官審理案件第五條第一項第一款規定，大法官受理中央機關釋憲的關鍵要件在「行使職權」，但監院法定職權與黨產條例毫無關係，大法官自得依同條第三項「應不受理」，勿讓全民納稅血汗錢供養的監委，淪為國民黨「護黨產」的免費釋憲代理人。（作者為台灣北社理事，律師）

【若採陪審制扁有罪或無罪？】

范姜提昂2017-05-25

假如時光倒流，回到當年，扁案檢察官的偵查起訴都按照原樣走一回，只有法庭審理改採陪審制。那麼，扁有罪，還是無罪？

先說陪審員，由抽籤產生，當陪審員是公民應盡義務，各行各業都有，通常十二人；司法相關人士則被排除，這意味，只有專業才懂的正義不是正義。先進國家證明，判斷犯罪事實、裁定有罪無罪，所需要的知識經驗從來不是高不可攀！

司改會期間，有檢察官和法官發表文章，對陪審制和陪審員的素質極盡輕佻之能事，包括要陪審員去寫判決書看看。真無聊！不要忘了，被嚴重扭曲的扁案正是司法專業人士「依法」炮製出來的劣品。專業，不代表正義。

陪審員的角色本來就不需要高深的法律素養，他們所擁有的，反而可能就是法官所欠缺的生活歷練；何況，從聽訟，到進入討論室之前，法官就針對可能影響判斷的眉眉角角，隨時做出裁定或專業指示，包括隨時裁定，法庭上的哪些話是廢話，不必採納等。好法官，肯定是陪審制的靈魂。

以下這段美國法官的標準動作值得注意：在陪審團進入討論室之前，法官會對陪審團說一段，何謂「有罪」，何謂

「無罪」的關鍵指示，法官說：何謂無罪？當你面對檢察官的起訴證據時，你心中只要產生「合理懷疑」，以致「無法確定」有罪，那就判無罪；相反，假如你對檢察官所提出的證據，找不出任何「合理懷疑」的話，那就判有罪。

重中之重的關鍵在：當你認定被告「無罪」時，並不是你「認定」他無罪，而是你「不確定」他有罪！不確定有罪，就是無罪！

回顧我國司法奇恥大辱：檢察官集體宣誓，辦不了扁就集體辭職！密帳案，膽大妄為換法官！龍潭案，檢察官唆使偽證，大搞實質影響力說。這些見不得人的勾當，交給任何一個陪審團，哪一點不會產生合理懷疑？

這就是扁案本質：司法，可任人合理懷疑，而照樣入人於罪！無罪推定，可以面目全非！扁案的意義已經超越扁個人，不管總統是誰，均應以憲法特權特赦扁，意思是，為「國家體制全面失控」致歉，同時提醒國人：國家曾陷入恐怖錯誤，而這個錯誤，不容再犯！（作者為台灣北社理事兼法政組副召集人）

【法官不是「官」】

陳逸南2017-06-08

6月3日民間社團舉辦「2017人民期待的司法改革座談會」，鄭文龍律師指出，臺灣的司法不受信任，高達84%民調不相信司法，他建議多元的法官來源，解決信任的問題。張靜律師指出，司法權來自全體國民，基於司法民主化理念，由人民參與審判，是目前世界潮流。

1996年6月林山田教授在「臺灣的司法問題及其解決之道」一文指出，法官尚難獨立審判的原因之一為每位法官在理論上都是獨立的審判者，參與各級法院審判的所有法官，全部擁有相同的地位，而沒有高低與大小之分。可是在臺灣，無論是法官自己或是社會大眾，都看到「官」，而沒有看到「法」，全把法官當做「官」來看。既然是官，則在地位上自有高低與大小的問題。

由於法官「升官圖」的存在，法官在這種「階梯式」的價值觀的支配下，只有順著既有的價值體系一階階地往上爬。法官既屬必須往上爬的官，自然不能「唯法是從」，也無法「無欲則剛」。導致有升官企圖心的法官，面對庭長或院長，有如行政機關中的部屬與長官的上下隸屬關係，揣測長官的意思，作成不公正的判決，在所難免。

中國人民高院田成有博士2015年6月在「法官不是『官』」一文指出，法官的權力不是來自於自身自然的擁有，而是來自於人民的委託和信任。法官裁判不能僅僅體現在邏輯的完美性上，而要建立在社會的支持和認可度上。

長久以來，在中華文化生活圈裡，「法官是官」，「民不與官鬥」為民眾普遍所認知，民眾對於司法的不信任，以及訴訟冗長，多年來一直難以改善，例如太極門案刑案部份經10年7個月才無罪定讞，而稅務案件迄今已逾20年尚未結案。1959年發生的武漢大旅社案，到2015年經歷了46年。其解決方式之一為採行「陪審制」，由陪審團成員共同來認定事實，再由職業法官適用法律審判。

最近，法界與醫界熱烈探討的一件醫療糾紛訴訟案，發生迄今已逾10年，如果採行「陪審制」早就定案了。因此，大家要力爭人民參與審判的權利，且拋棄「法官是官」的落伍思維，當前參與「司法改革」的人士，對於「陪審制」的引進，認真思考一下吧！（作者為台灣北社理事）

【公投法補正–還我完整公民權】

李川信2017-11-07

2003年底，立法院通過公民投票法。實施至今，舉行過的全國性公投有6案，全因投票人數未達50%門檻而遭到否決。高門檻設計阻礙公投進行，「鳥籠公投法」稱呼不脛而走，此「鳥籠」不修正，「公投」絕對窒礙難行。

2016年民進黨全面執政，公投法修法終於浮上檯面，當年12月1日立法院內政委員會，審查各個修正草案完畢，修正方向包括：

刪除第五章公民投票審議委員會，可公投年齡由20歲降至18歲。提案人數由「應達提案時最近一次正副總統選舉人總數」千分之五以上，下修到萬分之一，大約從九萬人降到兩千人。連署人數由5%以上，下修到1.5%，大約從九十四萬人降到二十八萬人。投票結果，「由投票人數達全國總投票權人數的50%以上，且有效投票數超過二分之一同意者」，修改為「有效票相對多數，且同意票須超過投票人數總額的四分之一」即為通過。

上述的修正方向，因提案人數、連署人數的大幅降低，公投成案容易，但最具爭議的公投適用事項，卻不在修正之列，宛如綁了腳的公投如何衝出鳥籠？我們強力主張，除預算、租稅、投資、薪俸、及人事外，公投議題不應設限，依國民主權原則，納入超越憲法所規定事項，以確保國民直接

民權的行使。

　　民進黨在2007年通過「正常國家決議文」，主張「正名台灣，制定新憲法，在適當時機舉行公民投票，以彰顯台灣為主權獨立的國家。」可見民進黨亦主張台灣要成為正常的國家，必須運用公民投票以呈現國人的主流意見。一個議題設限的公投法，如何彰顯台灣的共識？再度呼籲，請兌現仁副總統的競選承諾，「讓公投法符合人民需要，讓人民可行使自決權。」

　　公投法修正案一讀通過後，遲遲無法進入院會，經林義雄先生赴民進黨中央黨部前禁食抗議後，民進黨中央終於承諾會在12月底前完成；但12月將至，公投法修正案這會期仍然未排入優先法案！林先生將在同地點再度接力禁食抗議，以匯集民間力量，督促民進黨立院黨團早日補正可長可久的公投法。

　　台灣的前途應由2300萬台灣人共同決定，這是國人的共識，但決定台灣未來的唯一方法就是全民公投，因此我們期待朝野各政黨能深切體認，「該還給人民完整的公民權就還給人民吧。」（作者為台灣北社社長）

【北檢馬英九南檢李全教】

黃帝穎2017-12-19

前總統馬英九不滿北檢偵辦三中案，嗆聲「北檢不如南檢」，日前更大動作對北檢檢察長邢泰釗提告洩密罪，並聲請「移轉管轄」，姑且不論沒有證據顯示邢泰釗洩密，馬濫告應有的誣告罪嫌，僅檢驗馬英九聲請「移轉管轄」的政治手段，與當年李全教三度聲請「法官迴避」非常相似，而就偵查手段為觀察，北檢辦馬確實不如南檢辦李全教。

南檢偵辦與馬同屬國民黨籍的前台南市議長李全教賄選案，檢察官帶隊到機場攔阻被告出境，偵訊後隨即聲押；比較北檢偵辦馬案相對客氣，只對馬的同案被告張哲琛及汪海清限制出境，並未對馬有任何強制處分。

更值得比較的是，李全教當年也反告南檢檢察官蔡麗宜侮辱公署，隨後在當選無效之訴案聲請「法官迴避」，但法院三度駁回李全教聲請;馬同樣反告北檢檢察長邢泰釗洩密，檢方高層是否支持北檢「獨立辦案」仍屬未知。兩相比較，北檢恐真不如南檢。

事實上，馬英九不惜冒著誣告邢檢察長的風險，求在政治上召喚檢察總長顏大和發揮「檢察一體」，聲請移轉管轄，但依據刑事訴訟法第二章「法院之管轄」及同法第十六

條有關檢察官偵查準用之規定，被告馬英九聲請移轉管轄毫無根據可言。又查「審核移轉管轄應行注意事項」就各地方法院及各檢察署移轉管轄相關規定，馬英九完全不符移轉管轄要件。

馬英九告邢泰釗，雖在法律上不符合移轉管轄要件，但馬在政治上，或可為三中案「轉移焦點」為馬與北檢的私怨，或是能尋得檢察總長或高檢署伸出「政治援手」，為馬干預北檢「獨立辦案」。但如果真發生政治效果，馬不只傷害基層檢察官獨立辦案的執法信念，更將重傷我國得來不易的法治價值，台灣人民不會原諒。

簡單來說，北檢若無法強硬執法，以如同南檢偵辦李全教的堅定立場偵辦馬案，同時堅持「獨立辦案」，抗拒上級檢察署可能的政治干預，恐真坐實馬的「北檢不如南檢」之譏。（作者為北社副社長，律師）

【彈劾馬的司法暗樁】

黃帝穎2018-04-09

前總統馬英九洩密案二審即將宣判，本案攸關總統權限（蔡總統未來能否聽取檢察長報告偵查中個案）及台灣民主的國際形象，值得關注。更重要的是，一審雖認定馬英九洩密，但唐玥法官以全球首創的「院際調解權」作為阻卻違法事由，公然為馬脫罪，監察院依據憲法第九十九條規定，應彈劾此重傷民主、越權解釋憲法的法官，以制衡司法濫權。

馬與時任檢察總長黃世銘共犯洩密，引爆「馬王政爭」，當年美國華盛頓郵報以「台灣水門案」為報導；法新社更直指「司法濫權」，台灣最寶貴的民主瞬間在國際上蒙羞。同年十月，譚慎格、章家敦及家博等二十八位國際學者發表共同聲明「我們對於馬總統以特偵組對付政敵、干涉司法程序以達政治意圖，及試圖使立法院長王金平喪失職務等手段，表達深切關注」。國內也有超過三十位公法學者，由中研院、台大、政大等教授發起連署聲明「總統已經跨越憲政紅線」。

但可議的是，唐玥對國際媒體、學者及國內法界的民主呼喚「充耳不聞」，執意為馬脫罪的判決，重傷臺灣民主。照馬的無罪邏輯，蔡總統可就檢察官偵辦各機關首長的偵查中案件，聲稱依據憲法「權限爭議處理權」，聽取檢察長報告？尤其是馬無罪、黃世銘共犯卻有罪，為避免機關權限爭議，蔡總統可召集新任檢察總長與行政院長賴清德一起開

會，處理馬的其他偵查中案件？當權力分立失去界線，未來總統都比照辦理？

全球民主國家均認為，總統行政權不得介入司法個案，這是權力分立的常態，縱連總統制的典範國家美國，川普總統也無權聽取偵辦「通俄門」的檢察官報告個案。簡單來說，馬的洩密行為，在各國的比較法上，沒有任何正當基礎，馬並非行使院際調解權，更非行政特權，此觀台大公法教授林明昕及劉靜怡出具的法律意見書亦明。

再者，台大刑事法教授林鈺雄投書媒體直指「從來沒有一個民主法治國家賦予總統（或閣揆）這種無限上綱的行政特權，這是法律為政治設下的紅線」，更凸顯馬無罪判決之荒謬。

縱覽我國大法官從釋字第一號到最新的七六二號解釋，從未解釋憲法第四十四條「院際調解權」的法律效力，更遑論作為阻卻違法事由，唐玥竟為馬脫罪，恣意且越權解釋憲法，無視國際及國內學者的民主法治呼喚，高院應發揮審級糾正錯判之功能，監察院更應彈劾濫權專斷的法官，方可能重建司法威信。（作者為北社副社長，律師）

【郭冠英辱台政院省府仍應把關】

黃帝穎2018-09-11

　　發表辱台「仇恨性言論」的前官員郭冠英，遭馬政府撤職後，在台灣省政府包庇下，讓郭短暫任職一個月即辦理退休，郭冠英申請退休遭銓敘部拒絕而提告，但台北高等行政法院判決郭冠英勝訴，命銓敘部應准郭退休，最高行政法院維持原判，讓自稱「高級外省人」的郭冠英將領「台巴子」納稅血汗錢每月六萬元，社會無法接受。

　　姑且不論判決郭冠英勝訴的北高行第四庭，剛好是在黨產會案罕見裁定「停止執行」，以維護國民黨產的相同三位法官。僅探究郭冠英判決理由指「各機關辦理公開甄選時，機關「得」參酌內部陞任評分標準...亦得自行裁量是否舉行面試或測驗，亦即舉行面試與否，求才機關具有裁量權。」，進而認為省府規避面試，直接錄取郭冠英上班一個月後辦退休是合法。如此荒謬結論，不只社會無法忍受，法理上也站不住腳。

　　行政法上，並非行政機關有「裁量權」，就可以為所欲為、恣意或濫權裁量，法律要求行政機關必須「合義務裁量」，並符合一般法律原則，然郭冠英在省府徵選程序中，本有七位報名徵選的公務員，其餘報名者初試分數未低於郭冠英，但省府恣意將其他公務員，當成配合演出的臨時演員，恣意不辦面試，直接錄取郭冠英，這就是「濫權裁

量」。可議的是，行政法院對此未置一詞，更無視監察院在郭冠英案調查台灣省政府的糾正案文，擺明護航郭冠英。

　　行政法院判決郭冠英勝訴已成定局，但該判決僅拘束銓敘部行政處分，未及於省府違法任用郭冠英的行政處分，因此省府及行政院仍可把關，既然監察院正式糾正案文直指省府徵選程序違法，因此依據行政程序法第一一七條規定「違法行政處分於法定救濟期間經過後，原處分機關得依職權為全部或一部之撤銷；其上級機關，亦得為之」，省府對於當時違法任用郭冠英之行政處分，得自行依法撤銷，上級機關行政院亦得為之。

　　簡單來說，省府與政院依法仍得撤銷任用郭冠英的違法行政處分，銓敘部將准郭冠英退休之處分即失所附麗，端看主政者能否把關，確實淘汰辱台的不適任官員，維護台灣民主法治，也為納稅人省下每個月六萬元的血汗錢。（作者為北社副社長，律師）

【民主必考題韓國瑜小勝郭台銘】

黃帝穎2019-04-23

　　鴻海總裁郭台銘宣布參選中國國民黨總統初選後，高雄市長韓國瑜的支持者大表不滿，嗆聲「非韓不選」，甚至前往國民黨中央黨部抗議。當然，也有韓粉轉向支持郭台銘，因此退讚挺韓粉絲團。既然郭、韓都可能是國民黨的總統候選人，那麼總統選舉的必考題「民主」，將同時檢驗兩人過往的言行。

　　二○一四年五月，鴻海集團４Ｇ計畫傳因採購中國華為設備，事涉國家安全，遭馬政府ＮＣＣ「卡關」，但郭台銘竟怒嗆ＮＣＣ一週內給出答覆，否則將拒繳稅，更嗆「民主不能當飯吃」，讓時任行政院長江宜樺回應「不接受這樣的態度」。

　　郭台銘「享受民主又罵民主」的雙重標準，嚴重自我矛盾。因為，依據中國刑法「破壞社會主義市場經濟秩序罪」規定，以威脅方法抗稅者，處三年以上七年以下徒刑，因此中國各地均有主張抗稅者被逮捕判刑。簡單來說，郭台銘的拒絕繳稅言論，如果是在沒有民主的中國講，就不是「民主不能當飯吃」，而是直接吃牢飯。

　　慘痛的例子是，二○一一年十月，浙江湖州民眾不堪賦稅加重，發動抗稅活動，但中國政府認定抗稅違法，派出大

量武警和特警逮捕主張抗稅的人民，並與民眾爆發衝突，目擊者指出抵抗者當場被擊斃，隨後封鎖消息。

　　郭台銘只敢在台灣嗆聲要「抗稅」，享受民主的「言論自由」保障，但同樣的事情如果發生在沒有民主的中國，政府不只可以逮捕郭董，甚至槍殺抗稅人民。郭董享受台灣民主制度保障的言論自由，卻說「民主不能當飯吃」，如果沒有台灣民主的保護，獨裁中國就可以讓揚言抗稅的郭董馬上沒飯吃，然後失去自由，甚至失去生命。可見郭台銘的民主素養與邏輯，完全不及格。

　　兩相比較，高雄市長韓國瑜雖然在選前講出「禁止意識形態上街」等民主不及格的言論，但韓上任後還是遵守憲法言論自由，未拒絕公民團體上街，讓「拒絕一國兩制，打造台灣新國家」大遊行順利舉行，甚至敢對中國呼籲「上海、深圳可先實施民主」。

　　綜上，在民主必考題上，郭台銘與韓國瑜雖然都不及格，但對兩人在學習民主的觀察上，韓國瑜小勝郭台銘。（作者為北社副社長，律師）

【蔡總統也可聽取檢察長報告韓國瑜案】

黃帝穎2019-07-16

高等法院更審判決馬英九洩密案無罪確定，各界譁然。高院法官為馬脫罪理由，全球獨創、前所未見，尤其認定總統非刑法洩密罪及通保法適用的主體，也就是說，全球民主國家中只有台灣總統，有權就偵查中秘密或監聽內容進行政治操作，且高院背書沒有刑責。同一標準，蔡總統也可聽檢察長報告韓國瑜的偵查中個案。

姑不論高院法官為馬脫罪的理由，形同認證總統有權介入偵查中個案，在「偵查不公開原則」為馬創設例外，破壞權力分立的民主憲政原理，全球民主國家如何看待？社會如何信任司法？僅用馬的無罪判決比照辦理，現任總統蔡英文也可以聽取北、高檢察長報告韓國瑜偵查中個案，然後邀集陳菊秘書長和蘇貞昌院長（比照江宜樺和羅智強）到官邸會商，進行政治操作，已足凸顯馬案判決之荒謬。

高雄市長韓國瑜雖將代表國民黨參選總統，但顯然會無視高雄民怨，執意「帶職參選」。比照馬案無罪的憲政理由，總統與高雄市長間，也具有中央與地方關係之憲政意義，有稱「垂直的權力分立」，因此，韓市長在北檢偵查中的北農背信案以及雄檢偵查韓市府的旗津小三通案，蔡總統可聽取北高檢察長報告韓國瑜案，當然也包括其中監聽內容，以便比照馬召集閣揆與幕僚，進行政治操作。

高院法官以全球獨創的理由為馬脫罪，違背刑法洩密罪與通保法的明文規定，其中判決違背法令亦如北檢新聞稿指明，本應透過非常上訴導正錯誤。依據刑事訴訟法第四四一條規定「判決確定後，發見該案件之審判係違背法令者」，檢察總長應提起非常上訴。

　　檢察總長本不應為政治服務，前檢察總長黃世銘在馬洩密案被判刑一年三個月定讞，但教唆者馬英九（詳見黃世銘案高院判決書）卻能全身而退，這對司法是莫大傷害，更是檢察官的慘痛教訓。因此，江惠民總長如不贊同總統可就偵查中個案進行政治操作，以確保未來檢察官不受政治干預，以民主憲政與法治為念，應提起非常上訴。

　　然而，若江總長其實支持蔡總統連任，擬貫徹高院判馬洩密無罪見解，贊同總統聽取韓國瑜偵查中內容與監聽資料，以便政治操作，則無須提非常上訴。（作者為北社副社長，律師）

【國民參審制與陪審團制的抉擇】

葉賽鶯2020-03-16

　　2016年蔡總統就職演說，贏得最熱烈掌聲，就是司法改革。蔡總統隨即召開全國司改會議，指示要從人民的角度出發，呼應人民的需要和感受。經多次會議研討，司法、行政兩院於2017年將「國民參與刑事審判法草案」函送立法院審議。茲因立院屆期不續審，司法院會於本月初再通過該法案，參審制將再度進入立法程序。

　　然而，有執政黨數十位立委及在野黨團另提多項陪審團法案，而以台灣陪審團協會為主的民間團體，更極力反對參審制，主張陪審團制，並發起大遊行，獲得廣大民眾回響。按，國民參審制的核心在於審判由三位職業法官與六位國民法官組成，同時參與事實的認定與法律的適用及科刑，比較陪審團僅參與事實的認定，人民參與程度司法訟案更深，似應更能呼應人民的需要與感受，何以竟為多數民間團體反對？甚至執政黨部分立委也提出陪審團制法案？亟需深思。

　　全國司改會議就兩制利弊激辯之最終表決，贊成比率為7比7。何以司法院獨厚參審制？國民法官既排除有法律背景者任之，參審時間通常僅數月，是否就能使一般國民作出妥適的法律判斷，進而量刑？非無疑慮。對此，有律師比喻，參審制好像是將三隻大野狼與六隻小綿羊關在一起，最後綿

羊會被吃掉！此一比擬，雖屬戲謔之詞，卻頗生動。足見民間團體對參審制的憂慮，非無憑據。

官方版採國民參審制，或認為與我國訴訟制度相近的德、日等國，目前都採之，似較英美法系的陪審團制，更符合國情。不過，事實上國人較常觀賞好萊塢或香港電影，對於陪審團制似較熟悉，對參審制的實際運作卻相當陌生；若然，國情真否較宜採參審制？再者，事實的認定，已不簡單，法律的適用，更是艱難，通常法律人要多年專研，再經嚴格考試，並密集培訓兩年，才取得候補法官資格。而陪審團僅參與事實的認定，已有勝任與否的批評，則要求非法律人的國民法官，除事實的認定外，進而參與適用法律及量刑，是否更難達成？

為呼應全國司改會議的決議，宜否分別先擬法案，選擇兩處中型法院，分別試行不同的兩制，俟檢討成效，再作抉擇？但願主事者能慎思衡酌，以不負人民對司改的殷切期望！（作者為台灣北社理事兼法政組召集人）

【妨害罷韓監委該辦檢方該查】

黃帝穎 2020-05-12

　　六月六日高雄市舉行罷免投票，但可議的是，韓國瑜市府陸續限制投票所、強拆罷韓廣告及通令警察以集遊法取締三人以上集會，甚至有韓粉串聯慢投、不投以妨害投票動線，相關妨害罷韓行為已違反行政程序法、公職人員選罷法及刑法，尤其韓市府違法濫權明確，監察委員依法應追究官員違失之責，另涉及妨害罷免更有刑責，檢察官依法該查！

　　罷韓廣告遭韓市府強拆，但依據高雄市廣告物管理自治條例第二十六條規定，韓市府處理罷韓廣告違規，依法應先開罰、限期改善或補辦手續、按次處罰，最後才能強制拆除，顯然韓市府違反「正當行政程序」，直接強拆罷韓廣告，更違反行政程序法第七條第二款規定行政行為「有多種同樣能達成目的之方法時，應選擇對人民權益損害最少者。」之比例原則明文，韓市府違法明確，監委依法應予糾彈！

　　尤其甚者，高雄公車站盡是挺韓廣告，但究竟廣告費用由誰支付，發起的韓粉與國民黨議員三緘其口，都說沒出錢！依據台北地檢署本月八日起訴中資賄選案，中國湖南台辦透過台商組織金流，在大選期間以招待餐飲、補助機票及

高價抽獎之造勢活動等犯罪手法為韓國瑜及國民黨賄選。前案為鑒，當下挺韓廣告資金來源不明，檢方應查明！

再者，韓市府警察局通令針對罷免宣傳活動三人以上發傳單、發布條、站街頭、掃市場等行為，將全面以違反集會遊行法處理，但市警局過去針對各項選舉街頭拜票超過三人，從未以集遊法法辦，甚至所謂「貪食蛇」挺韓車隊，造成交通癱瘓，市警局也沒以集遊法法辦！很清楚地，從拆廣告到警局通令，韓市府擺明「選擇性執法」，違反行政程序法第六條規定「行政行為，非有正當理由，不得為差別待遇。」。

最嚴重的是，韓市府先是假借防疫藉口，限制投票所，雖然中選會已協調完成，但韓市府如再技術干擾致投票當日處所不足者，後又有韓粉發動慢投或進場不投，均將妨害市民行使罷免投票權，依據刑法第一四七條規定「妨害或擾亂投票者，處二年以下有期徒刑」，都有刑事責任。

總結來說，針對妨害罷韓的韓市府官員濫權違失或韓粉犯法，監委該辦，檢方該查！（作者為北社副社長，律師）

【傾聽司法受益權人的心聲】

葉賽鶯2020-05-26

　　司法周刊三月一九九四期報導「司法院積極研議民、刑事及行政訴訟各法案保障人民司法受益權」，所稱各法案，包括國民參與刑事審判法草案及民事、刑事、行政訴訟法等修正案十多項，內容廣泛，影響深遠，攸關人民的司法權益，固值重視；又所稱人民司法受益權，即為憲法第十六條及大法官釋字四八二號所指人民司法上之訴訟權，只是各該法案係由主管機關參酌各家見解制定或研修，涉訟當事人即各別司法受益權人有否感受？進而對司法公信力的提升有所助益？尚待觀察。

　　多年前，某大學所做民調，對法官辦案不滿意者高達八成多，常被據以質疑多年來司法改革成效不彰。然司法院三月舉行的司法改革半年進度報告記者會指出，該院所做民調結果，近三年律師對法官信任度都在六成以上，二〇一六至二〇一九年一般民眾對法官雖有五成六不信任，但有逐年上升趨勢。上述學術與實務民調兩者有近三成的差距，不過所謂民調或許只是詢問一般人或先前涉訟當事人籠統的印象，是否精準或值得信賴，實質意義不大，也未能消弭司法界與社會人士看法的分歧，而淪於各說各話。

法界友人私下曾言，若涉訟當事人收到個案裁判時，能同時收受問卷調查表，就承審法官問案態度、證據調查、其他審理事項及判決理由論述等等，分別填寫滿意、普通或不滿意或高低分數等選項與其他改進意見，以內附回郵信封寄送主管法官評鑑單位，然後每半年或一年統計一次，司法公信力的高低將會具體呈現，並作為法官表揚或懲處的重要參考，如此問卷似不必修法即能進行。

　　此一建議，猶如大學採行多年，由學生對教授所做的教學反應問卷，頗值參考。因為涉訟當事人即司法受益權人與承審法官，接觸最久、最深，也最直接，於案件終結時所做意見表達，也最真誠，如當事人作答有困難，也可由訴訟代理人或辯護律師代答；如問卷內容設計得當，問卷資料保密，讓當事人能毫無顧慮真實作答，充分表達司法受益權人的心聲，似比一般民調來得精準可信，也可避免民調的機構效應或各說各話，而能充分傳達司法受益權人的心聲，真實反映司法公信力，建請司法當局參酌採行。（作者為台灣北社理事兼法政組召集人）

【黨國體制才是今日監察院毫無作用的主因】

鄭睦群 2020-07-07

　　現行憲法中考試與監察權的設計雖然特殊，但確實有其歷史脈絡。儘管今日科舉給人的印象是八股，甚至誤國，但該制度確實是人類歷史上最悠久，也最完整的官員選拔制度。因此儘管科舉遭廢除，但對一個千餘年來廣行考試選官的龐大地域，在憲法上設計獨立的考試權並不是突兀之舉。而監察權亦是承襲過往的御史諫官制度，並擴大職權與提升位階，制衡國會的可能的濫權。

　　一般來說，制度的設計多半有其正面價值與積極作用，但前提必須是展開有效的運作，現在的監察院顯然沒有。

　　事實上，在長達數十載的黨國時代中，五權分立也只是個笑話。行政權被壟斷，監察院也沒有實質功能，而在〈動員戡亂時期臨時條款〉壟罩下，立法院只是橡皮圖章，司法累積的沉痾同樣不在話下。制定與長時間執行「全國」省分比例錄取公務員的考試院，也不存在當初所預想的公正性。因此目前台灣的行政、立法、司法與考試權的功能與現況，其實就是台灣民主化的成果，以血汗衝撞威權體制的見證。監察院的存廢，其問題的根本不在制度上的設計，而是過去在威權時代根本沒有任何積極作用。耗費鉅額公帑，但數十

年不曾發揮作用的單位，在今日的民主台灣當然也不需要。簡言之，在符合民主程序的原則下，轉型或修憲直接撤裁都是執政當局應該負起的責任。

　　但這過程中最悲涼的是，當該黨團總召林為洲喊出「廢考監」此等口號的同時，再次顯示現在的國民黨幾乎不存在任何核心價值，因為獨立的考試與監察權不就是其黨國圖騰孫文的理念嗎？國民黨不是應該站出來捍衛中華民國五權憲法的完整性嗎？其贊成廢除的原因，或許是觀察到社會普遍認為監察院不需要存在，但其根本病因就是過去黨國威權時代的遺毒，國民黨或許要先為此替監察院向社會大眾道歉。此外，國民黨喊出廢除考監兩院的原因是因為提名陳菊，表面上講了很多冠冕堂皇卻與事實不符的理由（酬庸、東廠等），但實際上就是得不到這個位置，那就整個機關連帶一起毀掉。比起監察院的存廢，或許這才是更令台灣人擔心的地方。（作者為台灣北社社員，人文組副召集人）

【公民可以參與審判就是好的審判制度？】

黃維富2020-07-21

公民可以參與審判就是好的審判制度？未必，須由公民參與司法審判過程中，是否會受到經法律專業訓練的專業法官（以下稱專業法官）權威的影響才能判斷！

我國司法院力推的參審制，類似於中華人民共和國（以下稱中國）的參審制度〔註一〕。中國實施數十年產生越來越多的信訪（俗稱上訪）案件，致使中國國家信訪局（類似於我國監察院的功能）疲於奔命，意即中國人民不信任法院，期待信訪能巧遇現代包青天為他們伸冤。上述結果並不令人意外，因黨國控制審判員（我國稱法官），而人類總是服從權威〔註二〕，所以中國陪審員（我國稱國民法官）只能遵循審判員的意志，無法真正參與審判活動，頂多僅止於提供人生經驗及知識，因而肇成大量的冤獄及不公的審判案例。類似狀況，台灣參審制隨機選任無法律專業訓練的國民法官，會有不受到專業法官權威影響而真正參與審判活動的奇蹟出現？甚難！這種參審制與現制的審判結果差異不大，這樣的司改只是虛應故事而已！

陪審團審判制度（下稱陪審團制）是分別由具事實認定專長的陪審團，在訴訟兩造所提出的人證、物證及說法的交互辯證下審理事實為何，是否滿足犯罪的構成要件，以審斷有罪無罪。如有罪，再交由專業法官做適用哪一條法律及量刑的裁決。陪審團員隨機選自各行各業，分布於各年齡層，且無法律專業訓練，在無專業法官的權威下，對事實判定的

見解與能力遠遠超過單一行業的專業法官，更能接近人民的感情。換句話說，陪審團制就是人民當家作主，不受到專業法官權威的影響的審判制度。

至於有人擔心陪審團員被收買、控制、或暴力脅迫等事宜，難道參審制就不會發生嗎？或有過之而無不及？

如我國採用陪審團制，可以從陪審制書面指示、評決書及量刑理由等文件以取代判決書。專業法官付出判定有罪無罪的權利，只做適用法律及量刑裁決書，可減輕工作量而準時上下班。檢察官和律師將會因提出的人證、物證及說法在法庭上的交互辯證下增加工作時數。這些付出或許就是改革阻力之一？但是得利的是普羅百姓，民進黨何不依其黨綱定下陪審團制？莫非想藉參審制做黨國鋪路的始業？（作者為台灣北社理事，華夏科大副教授）

〔註一〕中華人民共和國（以下稱中國）的刑事基層及中級人民法院，以及民事第一審民事案件審判組織，可用有人民陪審員（我國稱國民法官）的參審制，也可以不用，且刑事最高法院及第二審民事案件審判組織僅由審判員（我國稱法官）組成。詳如中華人民共和國刑事訴訟法第三編審判，第一章審判組織，第183條；及中華人民共和國民事訴訟法第一編總則，第三章審判組織，第39條及第40條。
〔註二〕由「米爾格倫實驗」（Milgram experiment）可知人類總是服從權威。

【對大法官748與791兩解釋的省思—婚與情】

葉賽鶯2020-08-18

近年來對家庭造成震撼的，莫過於大法官2016年748與今年791兩解釋。前者將同志情人結婚合法化，後者則將婚外情除罪化，都引起部分人士的質疑與驚恐，但也讓同志有情人終成眷屬；而婚外情當事人雖難免民事責任，卻免除了刑罰枷鎖，警察、檢察署與法院刑事庭也免去了介入婚變的負荷，徵信社可能也少了些生意。真是婚姻與情感的糾葛，造成了幾家歡樂幾家愁。

同志情自古就有所謂斷袖之癖，而今不僅以出櫃之稱浮上檯面，如斷背山、喜宴、吉屋出租、螢姬物語等影劇，讓此一情感的描述更為生活化與生動化。同志情有可能就出現在我們的親友中，同志的家人初次獲悉時，總難免驚訝質疑，然如靜下心來，設身處地為他（她）倆的真摯深情所感動，則常以包容接納為家人收場。細思之，他（她）們的同志情，不也是多元社會的一環嗎?把缺憾還諸天地，讓他（她）們的情感也能以婚姻方式經營，對絕大多數的異性婚似也無害；他（她）們如育有兒女，兒女又有兩位爹地或媽咪照顧，比起讓他（她）們堅守單身，不是讓家庭更活潑更熱鬧嗎?

而不同的，婚外情背叛當年海誓山盟的情感，對另一半可能造成心理甚或健康的重大傷害。感情出軌的這方固應受譴責，只是情傷的事實已然形成，除非情傷受害人選擇原諒，破鏡或可重圓，否則婚姻破碎，父母子女親情可能離散受損，迷情者實應慎於動情之初。不過對背情者課以民事責任之外，宜否再以刑罰相加？背情者與第三者嚐到受罰的苦楚，固咎由自取，對受情傷的另一半或也可略消心頭的怨與痛；只是，在情字路上，這情債怎樣計較輸贏？值得深思。

　　同志情人成為婚眷，是美事一樁，就讓我們祝福他（她）們吧！而婚外情造成傷害已成事實，曾有遭受婚變的親友選擇隨他（她）去吧。親友痛苦的經驗告訴我們，放人一條生路，也給自己一條活路；放下怨懟，更能活出精彩，開創不同的人生。縱然離異讓人傷痛，若日後背情者回頭是岸，也可能再續舊情，甚或覓得其他有情人，成就另一對佳偶。人生旅途上，婚與情合一，白首偕老，固為人人期盼稱羨，只是誰能預知情歸何處？但願：即使在無情荒地上，也能展現一片有情天！（作者為台灣北社理事兼法政組召集人）

【高牆內外的司法領導】

曾建元2021-03-02

　　當前司法界的大事，是為因應兩年後國民法官參與刑事審判制度上路實施的準備工作。但因民國115年全面實施之前，適用國民法官參審案件只限於故意犯罪因而造成死亡，最輕本刑有期徒刑十年以上之重罪，所以實際上適用的案件，相對於法院長期積累的龐大數量，可以說是微乎其微。這樣的《國民法官法》，恐怕只是司法形象行銷而已。

　　審判獨立、人權保障、正當法律程序等是司法的核心價值，司法改革作為實現司法核心價值的途徑，就是司法民主化，司法民主化有法院牆內與牆外兩個面向，牆內指司法行政管理和領導的民主化；牆外是司法審判和相關爭訟調處能滿足人民法感和實現社會正義。如何讓巨塔內的法官，在知識和經驗上與時俱進，貼近民心，適應快速變動的現代社會，則是司法改革的永恆目標。

　　司法民主化的改革涵蓋許多社會工程實務。從司法領導角度言，重點在強化與民眾第一線接觸而從事主要事實證據調查與心證的地院法官審判能力。法官審判能力的提升，包括法官專業知識和常識判斷的增進以及健康身心的維護。除法官的自覺外，制度上，從營造法院成為一個學習性組織、人性化管理機構以及強化法院和在地公民社會互動機制做起，引進外部專家社會力量，可提供法院所需的知識資源和社會溝通與信任。

所以現有殘留國家集權色彩的司法體系管理風格，應注入民主化人性元素，法院的領導管理更不能忽略我國特有的模擬家庭關係同僚情感經營，徒然崇拜數字和規則作為管理工具，易使法官獨斷的職業性格惡化為酷吏組織集體性格和法律文化，對於法官的職務評定，更應強化法官的專業自律精神，並適度開放外部參與評鑑，以減輕院長的過度權力和負擔。

　　僅開放國民法官重罪審判，不足以實現司法民主化，以現行制度言，加強民刑事調解功能，減輕案源，使法官能集中心力於難解的訟爭，也是平民參與可以貢獻於司法改革之處，這亦繫乎院長對在地社會的掌握。

　　公共管理學的知識告訴我們，被上級擢拔為主管或首長的理由，往往與個人的領導能力無關，而主要是贏得上級信任的表現，因此幾乎所有的領導者都是在做中從頭學習如何領導，這正是司法高牆和巨塔文化在司法民主化潮流中要補課者。（作者為臺灣北社副社長，國立中央大學客家語文暨社會科學學系兼任副教授）

政治社會篇

【一石兩鳥意在舞台】

陳茂雄2015-03-05

　　民主進步黨前主席施明德推動「負數票制度」，民進黨立委段宜康批評該制度有若社會的黑心油，立委管碧玲則擔憂選舉因此會變成「全民大幹架」，施明德反擊稱，他是推動大和解的人，居然說他製造仇恨、黑心油，兩人身為晚輩，說話也該稍微客氣一點。施明德表示，該制度只能在正、負擇一投票，它可杜絕買票、活化罷免權、降低政黨補助款及年輕人多出頭機會等優點。

　　施明德所提出的理由，只有「降低政黨補助款」這一項是真的，其他的並不成立。賄選方面，只要對候選人有好處，就會出現賄選，正面投票與負面投票都一樣。有關罷免方面，當過黨主席的人，怎麼不知道罷免的定義，倒令人感到驚訝，罷免的時機並不是在就職前的選舉時，而是在任職一段時間之後，選民發現當事人不適任，才有罷免的問題。至於年輕人出頭的途徑是多方面，未必非走第三勢力不可，事實上「負數票制度」最大獲利者是施明德。

　　施明德在民進黨曾經風光了一段時間，後來他與絕大部分支持者為敵，犯了政治人物的大忌，政治人物流失基本支

持者，必定走向窮途，施明德失去綠營群眾，又沒有能力在藍營建立版圖，若沒有兩大黨禮讓，任何單一席次的選舉他都摸不到邊。紅衫軍結束後組成「紅黨」，二〇一一年改為「台灣國民會議」，二〇一二年投入第八屆立委選戰，施明德等人全力衝刺，政黨得票率只有〇·九〇一三％，連一％都不到，顯然的，施明德已經沒有政治舞台。

　　台灣政壇已被兩大黨把持，第三勢力很難突圍，連柯P都是民進黨禮讓，若民進黨也推出候選人，誰當市長不得而知，但可確定的市長必定不是柯P。施明德要建立政治舞台，必須促使兩大黨一起瓦解，政壇再重新洗牌。而最佳的方式就是推動「負數票制度」，淺藍、淺綠可能會投自己的人，深藍、深綠更可能封殺對方，藍、綠雙方的淨得票數當然大量降低，甚至還會出現負的得票數，如此兩大黨瓦解，施明德就得漁翁之利。只是兩大黨也不笨，施明德還是很難如願。（作者為北社社員，中山大學教授退休，台灣安全促進會會長）

【泰源事件台獨革命】

陳儀深2015-05-28

一九七〇年二月八日，位於台東的「國防部泰源感訓監獄」，一群年輕的台獨政治犯發動一場監獄革命行動，事敗六名行動者逃往山區，軍方乃進行圍捕，在警方及原住民的協助下，十天內將六人陸續捕獲，其中惟鄭正成倖免一死，餘五人皆於同年五月三十日槍決。

十三年前（二〇〇二年）筆者完成十三位泰源事件相關人物的口述史，並參閱國防部檔案，曾經撰文澄清泰源事件並非單純的「劫械逃獄案」，而是帶著政治主張的集體行動。可是這兩年，卻有少數統派的政治受難者說，泰源事件是一場「獵殺紅帽子」的行動。彼論述的前提是，五〇年代中期以後左翼人士大致已被國民黨肅清殆盡，接續的反抗運動是台灣本土的「地主階級及地方仕紳」，走的是親美親日、反共反中反社會主義的台獨路線，即便有一些自發性的知識青年反抗組織，也因缺乏左翼思潮導引，而走上反國民黨反外省人的台獨路線。從而，這些統派受難者認知的泰源事件是要「入監殺掉紅帽子人士，以向美國宣示他們的反共立場，尋求美國的支持。」

如此一來，一場台獨革命行動豈不是淪為監獄內部的紅白（統獨或省籍的）內鬥？個人認為上面的說法頂多是「以論代史」，涉及事實部分常只根據徐春泰、施明德的片面說法，例如徐文贊說「施明德他們......目的要逼我們這些老紅

帽子跟他們合作，去搞暴動，我們不從就要把我們幹掉......」，則又與「向美國宣示」的說法矛盾。

戒嚴時代的政治犯組成，主要來自共黨或台獨（的所謂叛亂嫌疑）。當時不論統獨政治意識形態，都會威脅到國民黨獨裁統治的正當性，即便在獄中擁擠的生活不免有來自紅白信仰差異而來的摩擦，但同是不當審判的受害者，出獄以後應該站在一起，從人權的角度共同譴責昔日的壓迫者，而不應以今日的信仰差異來扭曲昔日的記憶。

從今年二月出版的《無法送達的遺書—記那些在恐怖年代失落的人》一書，意外地看到泰源事件被槍決的江炳興、鄭金河、陳良、詹天增、謝東榮等五人的遺書，更難得的是附有江炳興手抄的〈台灣獨立宣言書〉，它開宗明義說「深信壓迫與奴隸存在時，為自由奮鬥是應該的」，又說「台灣是屬於所有台灣人的台灣，我們決心不再受壓迫。」而江炳興寫給父母親的遺書還說：「男兒當頂天立地，繼往開來，死而後已。」這些從昔日檔案看不到的資料既已出土，希望能進一步彰顯泰源事件的革命性質，遏止那些臆測貶抑的傳言。（作者為台灣北社副社長，中研院近代史研究所副研究員）

【年金問題不能再延宕處理】

周煥榮2015-08-20

　　二〇一二年吵得沸沸揚揚的年金問題，轉瞬間已經過了三年多，當年的馬總統說：「年金改革，今天不做，明天就會後悔。」責成行政院成立的年金改革小組提出改善方案。現在法案仍躺在立法院睡覺，而改革小組早已解散消逝（http://www.businesstoday.com.tw/article-content-92743-113370）！好像年金問題可以不處理就會自動消除！

　　今年年初發生希臘國債倒閉危機，及六月苗栗縣政府發不出薪水，激起國人重新關注國家債務危機的意識，苗栗希臘化或台灣希臘化的聲音不斷。但很快就被總統大選的議題掩蓋，八月三日雖然再傳出「軍職人員退撫基金」將在一〇七年破產的消息，但也只有一兩天的新聞；年金問題真的可以放著等到下任總統再處理嗎？

　　年金與國債是緊扣無法切割的連體嬰，要降低國債累積量，首先要處理年金。大家都知道解決年金的原則，就是「提高費率、降低給付及延長退休年限」，可是軍公教或勞工，誰都不願意降低自己的利益；另一方面政黨或政治人物為選票考量，不願意得罪選民。所以改革變成燙手山芋，形成今日國家潛藏債務破表的關鍵。

年金可分為軍公教的退休金（含退撫與公保）及勞工年金（勞工保險和勞工退休基金）兩大塊。年金問題可以歸納以下數點：

一、報酬率太高，透支下一代的利益。二、太早退休。三、所得替代率太高，遠超出政府財政負擔。四、少子化，未來少數人要負擔多數人。五、軍公教的退休金及勞工年金的差異。

要處理以上的問題當然不容易，需要政府各機關、中央與地方民意代表、各職業代表及專家學者共同商討，找出可以共同接受的法則，希臘破產殷鑑就在眼前，台灣的國債危機即將在未來的數年間發生，現在的年輕人已經很苦悶了，我們這一代怎麼忍心再增加他們的痛苦，期望政府儘快再啟動處理年金問題吧。（作者為台灣北社理事）

【資源短缺豬也變狗】

陳茂雄2015-11-26

以前的選舉常出現團結的藍營對上分裂的綠營，中國國民黨最成功的地方是利益的分配相當穩定，若出現衝突，只要利益重新分配就可以和解，例如前一陣子朱立倫與王金平不和，大家很清楚是政治版圖的分配出問題，只要重新調整不分區立委候選人的排名，雙方就可以和解。在綠營大家避談利益，因利益衝突也會以別的理由來攻擊對手，因而沒有和解的空間，所以出現團結的藍營對上分裂的綠營。

政壇上流傳一則笑話，藍營像一群豬，只要有飼料，大家可以共享，各吃各的，彼此不會相互干擾；綠營則像一群狗，只要有食物大家就搶，先搶到的叼著食物就跑，其他的狗就追。用這種戲謔的笑話形容團結的藍營對上分裂的綠營，倒是十分傳神。可是這一次大選卻出現重大變化，藍綠的特色竟然互易，本來該團結的中國國民黨卻出現嚴重的內鬥，該分裂的民進黨卻一片祥和。

國民黨嘉義縣黨籍民代，23日到縣黨部抗議不分區名單。依照以前的傳統，藍綠都會抨擊對方的參選人，而找各種理由來保護己方的參選人，可是這一次選舉卻出現異狀，對王如玄的追擊，藍營的砲火不亞於綠營。不分區立委候選

人部分，由於民進黨前八名都是專業人員，對中國國民黨形成壓力，造成該黨前幾名也提了專業人員。更重要的是一些聲望不佳的「鬥雞」都沒有入榜，這一屆所提名的人選比上一屆強太多了。可是對上一屆的人選內部沒有聲音，今年卻是砲聲隆隆，反而民進黨幾乎沒有出現過內部反對的聲音。

中國國民黨不分區立委候選人所以會擺不平是安全名額萎縮了，因而不夠分配，大家又不敢投入區域立委選戰，更沒有機會擔任政務官，僧多粥少搶食是必然的。民進黨就不同，一位以前規劃入主高雄市的人選，近日反而沒有動靜，有意禮讓別人。事實上真正的原因是明年就能入閣，何須投入二〇一八年的選戰？

以前綠營像「狗」，藍營像「豬」，原來不是天性，而是資源問題。政治版圖膨脹中的政黨，大家不必搶食，當然像「豬」，政治版圖萎縮的政黨，由於資源不夠分配，就會像「狗」一樣搶食。（作者為北社社員，中山大學教授退休，台灣安全促進會會長）

【柯P，我們該忍受連勝文當市長嗎？】

林冠妙2015-12-24

台北市長柯文哲日前和時代力量立委候選人林昶佐座談，Freddy建議柯市長，把這個供奉當代最大獨裁者之一的「中正廟」處理掉，若要放著也可以，但要在觀光手冊中如實記錄他殺了多少人。不料，柯市長竟面有難色的說，蔣介石是某些人心理上的支持，何必讓他們痛苦？還說容忍應該成為一種文化。請問柯市長，是誰容忍誰？是「受害者」要學著容忍「加害者」嗎？

柯市長問，「能不能把歷史當歷史看待？」

我們想問，難道蔣介石殺人不是歷史嗎？要讓「歷史」能真正走入「歷史」，套句柯市長最熟悉的醫學名詞，歷史的傷口已經化膿需要「清創」，挖開來的過程看起來很恐怖，但只有把膿清掉、縫合傷口，這樣才會恢復得比較快，而這個「清創」的過程就是「轉型正義」。

西班牙「把歷史當歷史看待」，所以在二〇〇七年通過「歷史記憶法」，全面展開「去佛朗哥運動」，將獨裁者佛朗哥所有的雕像、紀念碑、廣場全部拆除，公共場所禁止出現任何獨裁政權的符號和標記，所有以「佛朗哥」命名的街道也全部改名，最後一尊佛朗哥雕像，在二〇〇八年十二月被剷除。

希特勒在德國有共識嗎？現在還是有很多希特勒的信仰者、崇拜者；西班牙「去佛朗哥」有共識嗎？保守勢力也批評此舉是在翻舊帳、揭歷史瘡疤、加深社會裂痕，聽起來是不是很耳熟？柯市長要大家努力學會包容，說有人喜歡蔣介石，何必讓他們痛苦？但那尊獨裁者擺在那，就像公然站在街頭上，踩著受害者的傷疤耀武揚威，豈不錐心刺痛？怎麼不把它拆了，叫喜歡的人學會忍耐？

有人說，納粹集中營、紅毛城、英國打狗領事館都留著，尤其是日本神廟，都被中國國民黨拆光了，很可惜；請不要學邱毅「指花為蕉」，集中營是歷史發生地，「中正廟」是紀念館，是在歌頌、供奉「世界的偉人」。而紅毛城、領事館也不是在紀念某位「人類的救星」，神廟則是宗教、文化，但並沒有在拜什麼「自由的燈塔」。

藍綠是假議題、國王的新衣嗎？藍綠其實是「統獨」，柯市長當選真是「超越藍綠」？請問柯市長，我們要不要忍受連勝文當市長？為什麼民進黨要禮讓您，一起打敗中國國民黨？（作者為台灣北社理事）

【設計國家】

吳進生2016-01-07

沒有公義的國家，不是文明進步的國家。一月十六日的大選之後，是值得台灣全民來深思「設計國家」議題的時機點，以全民的想像力打敗台灣的困境。

「設計國家（State of Design）」的倡議，不同於「國家設計」的充滿政治意涵，它更重視把產業發展的創意與技術，導向增加自主性、最佳化，發展為「公義國家」的永續服務。《設計國家》，開始它不必是一個實體和政治架構，可以先只是整合發展的理念和倡議。

設計是一種點點滴滴追求合理，精心的規劃，透過設計能讓事務合理化。國家是最大的企業組織，也應該要根據環境生態，設計住民生活、經濟生產及人民生命的價值。即認知：生命是一切、生活是目的、生產是手段；依生態是基礎的事實而設計，提供更好的服務！

「自主性」─以總體分配眼光看個體，特別是弱勢階層的自主性；其中鉅型經濟犯罪，宜積極以文明國家標準的法治導正。以目前的全球化生產體系而言，資源貧乏的中、下層勞動者，屬於難以流動的一方。在各式資源如自然、人力、知識都流向全球與國內宰制中心的同時，核心以外的區

域，基於社會福利偏差的分配，在資源流出後，難以累積、回流，使得核心與邊陲間差距愈來愈大。伴隨來的即是金字塔頂端區域繼續優勢宰制日益缺乏的資源，亦即資源持續由宰制中心群所壟斷。也因此，「自主性」必須在「設計國家」中列為重要考慮。

二〇一五年十二月二十六日，台灣北社與台灣人權文化協會在ＮＧＯ會館合辦「從勝選到勝任，台灣關係法三十六週年兼論國家安全與經濟安全座談會」，年輕世代參加者非常踴躍。年輕人的踴躍參與，象徵新國力的開端，更宜適時導入實際的設計行動。

「最佳化」的引導，靠全民的監督。勝選是各政黨自己要努力的事，而勝任則是公民社團與人民要監督的事。人民要監督勝選者，兌現競選承諾，核心是公義。誠如所羅門王所說：「公義使邦國高舉，罪惡是人民的羞辱。」

再好的創意，都需要執行創意的創意。「設計國家」是個重要的開始。（作者為台灣北社國際組召集人、台灣設計協會創辦人）

【轉型正義對新國會的期許】

陳逸南2016-02-18

　　二〇〇九年七月十五日台大邱榮舉教授發表《平反受難，是我的志業》一文指出，牢牢掌握轉型正義的精髓，好好去落實。根據「國際轉型正義中心」處理各國轉型正義的經驗，大致包括真相調查、起訴加害者、賠償受害者、追思與紀念、和解措施、制度改革、人事清查等七項工作，政府和基金會可以朝這些方向來執行。政府和基金會有責任、義務結合民間團體共同推動台灣轉型正義之落實，強化並持續與民間團體合作，可收立竿見影之致。且讓一些年輕學子、有志青年共同參與台灣人權和政治案件的大型研究計畫。

　　事隔十七年，有關二二八事件及戒嚴時期（一九四九─一九八七年）轉型正義的工作成效相當有限，尤其「起訴加害者」部分毫無動靜，有人認為這是受限於目前相關法律的追訴時效規定，除非另行特別立法，才能有所突破。依「戒嚴時期不當叛亂暨匪諜審判案件補償條例」第九條第二項後段規定，基金會依第一項規定調閱取得之文件及檔案，用畢後應予歸還，不得供作調查以外之用途。由於「文件及檔案」之使用受到限制，加上年代久遠，大部分受害人已經逝去，要進行「真相調查」工作更為困難，因此該條例不合理

之規定，應予早日修正。猶太作家、諾貝爾和平獎得主威塞爾（Elie Wiesel）曾說：「不查出真相，遺忘就意味著把那些受害者再殺一次。」值得我們深思。

　　在聯合國「人權兩公約」已國內法典化，政府以「人權立國」為目標，已經歷多年後，如今，政黨又輪替，二月一日起新國會已開始運作，期許立法委員們不要遺忘了台灣戰後的「轉型正義」尚未落實，應該設法朝向國際社會轉型正義立法的歷程，名符其實地重視人權，讓停滯已久的轉型正義早日落實。一九九六年底發生的太極門刑法及稅法的冤案，其中刑案經過十年七個月才無罪定讞；而稅務案迄今已歷經二十年而未了結。期盼新國會多加重視有關稅法的革新立法，否則，當稅務案件發生時，有如小蝦米的人民，實在難以對抗大鯨魚的行政機關。（作者為台灣北社理事）

【懇請年金改革委員相忍為國】

李川信2016-07-07

在國人殷切期盼下，六月廿三日國家年金改革委員會正式啟動，蔡英文總統致詞揭櫫改革四大原則：一、制度的設計要兼顧財務穩健和人民的負擔能力。二、在合理給付水準下，照顧弱勢者的經濟安全。三、縮小職業別年金制度的落差，以利社會的團結。四、改革過程中，務必做到民主與資訊透明公開。

總統同時表示，這些原則的目標，就是希望改革後的年金制度穩定永續，成為社會安全網的一環，社會才能更加團結。總統致詞後，國家年金改革會議隨即召開，可惜部分委員高分貝的質疑演變成爭吵，三人中途離席，可預見的是，未來的會議必定衝突不斷；若委員間無法取得「年金改革」的共識，如何邁入「第二階段」的年金國是會議，更遑論立法院的立法。新政府年金改革真的能在一年內完成嗎？

台灣的年金改革，相較於歐美及日本等國已晚了廿年，雖然陳水扁總統執政時，改革了部分軍公教十八％的優存利率及所得替代率，馬英九總統也取消退休軍公教的年終慰問金，但終究無法承受「年金財務與人口結構一起快速惡化」

的挑戰，台灣四大年金正面臨破產危機，若改革不加速進行，屆時所有退休者不僅無年金可領，除了債留子孫外，社會必定動盪紛亂，給予敵國可趁之機。職是之故，期盼委員們為家為國，為後代子孫著想，全心盡力參與年金制度的改革。

蔡總統曾說過：「軍公教人員不是被改革的對象，而是參與改革的夥伴。」我們能理解在改革會議及媒體上，軍公教代表急欲尋求大眾支持而發表的言論，雖然偶有情緒性的言詞，但基本訴求還是「支持改革，反對亂改」，所以更希望軍公教代表能針對亂改之處，提出合理版本以說服大眾，畢竟能參與這次的改革，已是莫大的榮耀，若能促成改革成功，更足以歷史留名。

年金改革已經啟動，成立「國家年金改革委員會」、提出年金改革方案、召開國是會議、完成修法立法工程，按部就班，務必一年內完成各階段工作；一旦未能達陣，政務委員林萬億執行長下台事小，台灣百年大計、永續生存功虧一簣才是事大。我們國人理當共體時艱，相忍為國，年金改革務必成功。（作者為台灣北社副社長兼教育組召集人）

【民進黨不要糟蹋了完全執政！】

林冠妙2016-08-18

朝小野大、政府癱瘓，台灣人民受夠了！終於，盼到民進黨完全執政，「改革不會只剩一半」，但，蔡英文總統卻一再強調不會「整碗捧去」、「用人不分藍綠」，於是，兩個多月過去了，所有人事幾乎「維持現狀」藍通通，請問蔡總統，完全執政「整碗捧」有錯嗎？

二○○○年民進黨首度執政，朝小野大，不得已由中國國民黨唐飛出任行政院長，在舊勢力反撲、惡鬥下，政策推不動、法案過不了、預算要不到；但，完全執政後，行政院長還是非民進黨籍，國防、外交、金管、財政、國發會、退輔會等首長，哪來的不分藍綠？明明就是只有藍，沒有綠！

內閣部會、國營事業及政府掌管的基金會等，不是尚未換人，就是換了令人不滿的人，司法改革尚未啟動，司法院正副院長人選就被逼退，海基會董事長甚傳是需要被「轉型正義」的宋楚瑜，新政府只上任三個月，國防、交通、勞動、衛福部等首長就屢遭點名下台，三個月就要你負責，還不趕快換上自己人？

蔡總統一月當選後就應開始布局，五二○全部就位，怎會執政近三個月還一堆人沒換？事實上，一月才決定人事都嫌晚，當初決定參選時，執政團隊就該漸漸成型了，更何況

已非首度參選，二○一二總統大選民調看好度還頗高，人選早該有譜了。

中國國民黨最擅長「貼標籤」，民進黨國會沒過半、朝小野大時，扭曲是「少數政府」，以削弱執政正當性；現在「完全執政、完全負責」，則污衊是貪婪的「整碗捧」，試問，完全執政和「整碗捧」有何不同？沒有「整碗捧」如何完全負責？屆時是不分黨派一起負責？還是權力共享、責任自負？既然要完全負責，當然就要用自己人，才能真正負責、真正的政黨輪替，否則，究竟「輪替」了什麼？完全執政何意義？

民進黨終於完全執政，「不當黨產條例」不會再被擋三○六次，國會改革不怕再被封殺八五一次，停建核四也不會換來「罷免總統」的下場，沒有中國國民黨這顆絆腳石，請別拿「不會整碗捧」來自綁手腳，莫忘「八年執政，舉步維艱」，如果完全執政還無法大刀闊斧、放手改革，以後要如何爭取人民繼續支持？別糟蹋了完全執政，別讓我們也成了「689」。（作者為台灣北社理事）

119

【中國是敵國嗎？統媒社論大哉問】

范姜提昂2016-11-24

　　針對三十七位退將在中國，恭聽習近平訓話五十分鐘，被林全痛斥「違背國家忠誠」並停發退休俸事件，中時發表社論：「恨國者追殺愛國者何其荒謬！」。

　　社論質問（意旨）：①若退將參加紀念華盛頓大會，聽川普演講，在演奏美國國歌時起立，是否不愛國？是否削其退休俸？②在國慶大典演奏國歌時起立、聽蔡英文演講的外賓，是否也違反對其母國之忠誠？③若以上皆非，區別在哪裡？④退將並未洩漏軍機，單純聽習近平演講，應受憲法言論、遷徙、集會自由的保障。⑤辜寬敏出席國慶大典，不起立、不唱國歌，拒絕行禮，在野人士再怎麼批評，也不會主張用法律制裁辜寬敏。

　　之所以詳加節錄，因為不值一駁，但博君一粲，真正嚴肅關鍵在這句大哉問：「是因為『中華人民共和國』是『敵國』嗎？」。是啊！要不然咧？尤其軍事角度；而考究爭議之所以沉重，不就因為他們是軍人，是將官？體制上，將官退役還是軍人！重點是解放軍若非敵軍，難道是盟軍？

　　若中時認為中國不是敵國，解放軍非敵軍，明年何不邀請或設計「解放軍退將」參加雙十慶典，看他們來，還是不來？起立聽國歌（孫文訓辭），坐聽小英總統演說，向孫文

遺像行三鞠躬禮！民初，倡議廢除滿州式「三跪九叩」改以「三鞠躬」為最敬禮的正是孫文，何不試試，證明一下中國不是敵國？

至於依法，中國是不是敵國？以間諜罪為例，法院多依「國安法」論處，因為國安法明定適用「外國或大陸地區」；適用外國的「刑法外患罪」估計因中國「非外國」而未適用。依此，我國法律或司法判決適用法律上，中國不是敵國？

唯依據「陸海空軍刑法」第十條：「本法所稱敵人，謂與中華民國交戰或武力對峙之國家或團體。」因此，即使中國被認定非外國，所以非敵國，但以兩國武力對峙之嚴峻，依據「陸海空軍刑法」定義，中國絕對是「敵人」。

這點令人慨歎！只因統派邏輯掩耳荒誕，以致無時無刻企圖「殲滅國軍」的惡鄰大國，依法只能叫敵人。但如果這還不是敵國，甚麼才是敵國？除非心神喪失，真以為中國非國！（作者為台灣北社理事兼法政組副召集人）

【是台灣該為自己正名的時候了】

李川信2017-01-16

1971年10月25日，在第26屆聯合國大會會議上，表決通過2758號決議文：恢復中華人民共和國的一切權利，承認其政府為中國在聯合國組織的唯一合法代表，並立即將蔣介石的代表，從他在聯合國組織及其所屬一切機構中所非法佔據的席位驅除。此決議文證明中華民國已被中華人民共和國取代，但並未解決台灣的代表權，更何況當時台灣人民在獨裁戒嚴統治下，根本沒有聲音。

1979年4月10日，美國國會為因應與中華民國斷絕外交關係而制定的「台灣關係法」，首先為台灣正名，其駐台代表機構為「美國在台協會（AIT）」；但25年來，台灣歷經解嚴、國會全面改選、總統直接民選，正名之路還是一樣顛頗困難重重。

美國、日本、歐盟、東協等世界各國都稱呼我們國家為台灣，連對台灣最有敵意的中國，也稱呼我們為台灣；去年12月2日，一通「蔡川熱線」，新科總統川普亦稱呼蔡英文為台灣總統；12月28日日本政府宣布，自2017年1月1日起將「日本交流協會」正式改名為「日本台灣交流協會」，美日兩大強國已率先為台灣正名注入強身劑。其實歐盟第一大

強國德國的駐台代表機構，早就使用「德國在臺協會」；2015年5月，英國也更名為「英國在台辦事處」。反觀我們駐美的「北美事務協調委員會」、駐日的「亞東關係協會」、及其他諸如「台北經濟文化辦事處」、「遠東商務處」、「貿易公司」、「旅行社」等，台灣的駐外機構名稱真是無奇不有。

因應2020年的東京奧運，更有日本對台友人在日本發動連署，促成東京都主辦城市名實相符的稱呼「台灣代表隊」。

不是外國不給台灣正名的機會，而是台灣自己不敢為自己正名。

台灣正名之後，中國一定強烈表達不滿，但台灣正名只是基本的事實描述，根本不必在意中國無理的反應。我們強烈呼籲政府，順勢而為，把握契機，在國內外推動台灣的正名，以彰顯台灣的國格及國際地位。（作者為台灣北社副社長兼教育組召集人）

【綠營的質變】

陳茂雄2017-02-15

　　近來社運界的意見領袖普遍感嘆，沒有能力影響新政府，以前的民進黨並非如此，政治人物會採納社運人士的意見。現在民進黨政治人物對社運人士只表示尊重，但不會採納他們的意見。所以會有這種現象，其中一個原因就是綠營專家太多，意見多如牛毛，政治人物無所適從。不過還有一個更重要的因素，就是綠營的體質變了，與以前的綠營完全不同。

　　黨外時代及民進黨建黨初期，綠營的政治版圖很小，而且只是政治意識的凝聚，支持者都是為了理想，與利益無關，政治人物對支持者相當尊重，更會採納他們的意見。相對的，藍營的政治版圖建立在人脈，支持者對政治人物往往有所求，當時綠營稱藍營為利益共同體，所謂利益，除了物資性的利益外，當然也包含非物資性的利益，例如特權、面子等。

　　後來民進黨逐漸茁壯，目前的支持者乃數倍於建黨初期，大部分是從藍營轉過來的，以前綠營稱藍營為利益共同體，其成員往往積極追求利益，他們轉到綠營之後不可能一下子脫胎換骨，變成追求理想。新的支持者還促使綠營的體質轉型，由追求理想變成追逐利益，與政治人物之關係也因

此改變，民進黨建黨初期是政治人物尊重支持者，現在變成支持者巴結政治人物。

綠營與藍營同質性提高，多數人追求利益，只是藍營追求利益是公開的，綠營不只不敢公開，還繼續滿口仁義道德，卻一直盯住利益（未必是物資性的利益），所以養成巴結政治人物的風氣，任何人只要選戰過關，就是鯉魚躍龍門，立刻變成貴人。民進黨建黨初期，在公共場合大家推崇民主鬥士，現在則巴結權貴。

目前綠營巴結權貴已走火入魔，連權貴的跟班都有不少人爭相巴結，近日綠營的一場餐會出現一場相當諷刺的畫面，一位在戒嚴時期就常被警察四腳朝天抬著走的民主鬥士被排到邊緣地區，對台灣完全沒有貢獻的權貴跟班反而排到主桌，有人戲謔的說，蔡英文不能來，不過若有人拉她的狗來，應該也會排在主桌。整個綠營的體質變了，不要埋怨政治人物。（作者為北社社員，中山大學教授退休，台灣安全促進會會長）

【台史博館二二八特展中的「基隆屠殺」風波】

陳儀深2017-03-15

　　三月九日上午有某報記者來電，詢問台南的台史博館舉辦的二二八特展，其臉書介紹文字描述一九四七年三月八日有整編第21師部隊在基隆掃蕩、槍殺民眾，是否確實？我當即回答：整編第21師部隊登陸基隆的時間應是三月九日，而三月八日運抵基隆的應是福建來的憲兵兩營，這是根據第一時間奉派來台「查辦」的閩台監察使楊亮功的記述，應比較可靠；而且整編第21師師長劉雨卿本人抵台即刻呈報蔣介石的電文，明白說他三月九日下午二時（搭飛機）抵達、他的部隊（先已搭船出發的）438團也在九日午後到達基隆。

　　不料該報九日的網路版登載此一錯誤之後，後續有網友惡意指責該館的展覽係「國家級造謠」、誤導民眾，甚至因而否認基隆有大屠殺。個人認為，台史博館既已從善如流，及時更正，應無造謠或誤導的故意。策展單位僅根據某些口述史做了錯誤描述固然不該，但有心人士尤不應藉著這種時間前後或哪一種軍隊殺人的誤植，來否定基隆有發生屠殺的事實。

　　據楊亮功的記述，他和福建來的憲兵一起搭海平輪，早在三月八日早晨就抵達基隆港口、為何拖到晚上十點才上岸？當然是安全顧慮，因為到下午五時許還聽到港內有機槍聲，原來是當天下午還有「暴徒」攻擊要塞司令部，但被守軍擊退並且肅清（調查報告謂死十餘人）。可見三月八日在

基隆進行肅清行動的應是基隆要塞司令部的部隊，既不是福建來的憲兵，更不是九日開始才陸續到達的整編第廿一師。

二二八的學術研究除了根據檔案，還必須參考口述史。根據張炎憲教授一九九四年出版的《基隆雨港二二八》口述史，有名有姓、履歷清楚的受難者計有廿八名，其中除了楊元丁副議長是在三月八日下午被殺，其餘都是三月九日以後被捕被殺，這當然是援軍登陸以後有部分兵力撥歸要塞司令部指揮，且「恢復戒嚴」、施行鐵腕有關。值得注意的是處決的方式竟然用鐵絲貫穿手腕腳踝、集體槍殺丟入海中，另外也有不少被捕者是用金錢贖回生命的。要之，基隆從二月廿八日開始就風波不斷，呈現了反抗、鎮壓、搜捕、殺雞做猴等台灣二二八的基本型態。

當時台灣人旅京滬七團體的報告指出，三月八日至十六日，基隆遭屠殺者約二千餘人，此一數字容或誇大，但以集體處決方式之殘暴，遠超過「維護治安」的必要程度，稱為屠殺自不為過。難怪當時台灣人團體呈請蔣介石懲處「屠殺台胞兇犯」的軍政首長，除了陳儀、柯遠芬、彭孟緝，還包括基隆要塞司令史宏熹。（作者為台灣北社副社長，中研院近代史研究所副研究員）

【台灣需要大謀略】

吳進生2017-05-11

台灣要加入WHA，中國表示：沒有九二共識，沒有WHA；台灣與世界人民，不只需要WHA，更需要公義；如何為了公義走上世界舞台？

【謀略來自勇氣】

我們不是要取得富足，而是要把心態調為擁有富足。大謀略來自大勇氣，沒有勇氣沒有謀略。如838萬人口的以色列，亡國千年以來顛沛流離，卻復國於死海不毛之地，1948在強敵環伺下建國69年迄今，以色列雖小，在處理與強國關係時，卻堅信以色列「不是棋子，是你的盟友」。能夠毅然存續，若非勇氣何以獲致？

今天的收穫是昨天播種的結果，台灣社會最缺乏的是勇於承諾，履行承諾的人。因此我們應該重視「勇於承諾，履行承諾」，最好由自己做起。

【勇氣來自希望】

大勇氣來自大希望，希望是行動力的源頭。在二戰期間，俄國有一首名為「喀秋莎」的愛情歌曲，敘述一位女孩，盼望在前線的愛人早日歸來的故事。從希望化為動力，後來進而成為「連發火箭炮」的名稱。

海倫·凱勒曾說，從來沒有一個悲觀主義者曾經發現過星宿的祕密，他們不曾航行到人煙未至的土地，更不曾為人類心靈開啟過新的道路。

一個新名詞的出現，意味著一個新時代的誕生。一個新生事物，如何被定義、看重、理解，以及被使用，也意味著一個社會文明進化程度的遲緩。語構與語意的調整，具有工具性作用的本質，是否會讓我們的社會邁向新文明腳步更趨調和，而更有節奏。

【首先粉碎虛假】

台灣的大謀略，首先把虛假粉碎，真理呈現，讓人民成為真正的主人，不要淪為謊言的奴隸。台灣唯一要做的事情，就是真實，真實，再真實！以科學方法、科技工具、系統行動落實。

台灣需要大謀略，不只是因為自然環境的驟變，還有國際間紛爭不斷，台海風雲詭詐；而是台灣本身也充斥著世代、族群間的矛盾，因此台灣需要大謀略，否則將難以生存。

西諺：「信心沒有行為，信心是死的。」因此，我們要以行動與希望，翻轉台灣。值得大家動腦！（作者為台灣北社國際組召集人、台灣設計協會創辦人）

【一場全民皆贏的年金改革】

李川信2017-07-06

在國人殷切期盼下，去年2016年6月23日國家年金改革委員會正式啟動，經過一年的對話溝通、分區座談、國是會議、公聽會，立法院終於在今年6月30日完成「公務人員退休資遣撫卹法」、「公立學校教職員退休資遣撫卹條例」、及「政務人員退職撫卹條例」的年金改革修法，這次的成果可說是一場全民皆贏的改革。

台灣的年金改革，已談了近20年，但看不見具體的進展。前總統馬英九在任時曾坦承，「年金制度不改革，年金會破產；今天不做，明天會後悔。」前副總統吳敦義亦直言，「年金不改革，會成為一顆不定時炸彈。」就在所有的退撫基金瀕臨破產之際，適逢民主進步黨全面執政，展現魄力，訴諸具體行動，間接地也幫中國國民黨卸除「無法改革年金制度」的包袱。

年金改革針對的是「制度」，不是針對特定的對象，其核心價值就是讓各種退撫基金能永續生存，使已退休者能領得久久，青壯世代退休時也領得到。因此率先登場的公教年金改革三大重點在於，【訂定樓地板最低32160元，天花板10年過渡後最高63690元。】、【所得替代率從75%逐年調

降至10年後的60%為目標。】、及【以最後在職15年的平均薪資，為退休金的計算基準。】雖仍比預期的調降還高出許多，但尚在可理解接受的範圍。

公教年金改革確認後，接下來的軍人及勞工在退撫制度的改革上，就會有一個明確的參考標的，對廣大的勞工而言具有正面的意義，期待立法院在下會期也能順利完成軍人及勞工的退撫制度修法。

隨著年金改革的進行，今年軍公教申請退休人數大弧度降低，相信未來十年中擬退休的人數會減少更多，對挹注退撫基金財務的幫助極大，但相對地也影響軍公教人才的流動及趨向高齡化，這十年緩衝期，政府也應積極作為提出因應政策。

最後我們期待，不管是退休或在職的軍公教團體，應監督政府將年改後結餘的經費及政府負擔比率的退撫金，全數提撥到退撫基金中，更應讓退撫基金的運作公開，達到透明有效率的專業化管理，提高投資報酬率，以健全基金的永續經營。（作者為台灣北社副社長教育組召集人）

【統促黨與江宜樺】

黃帝穎2017-09-28

台大學生對校方租借田徑場舉辦「中國新歌聲」節目，和平表達「異見」，竟遭中華統一促進黨成員等幫眾毆打成傷，更有手無寸鐵的學生被黑衣人以金屬製甩棍攻擊頭部，當場頭破血流，粗暴行逕與江宜樺當年的三二四「血腥鎮壓」不相上下。

依據最高法院四十三年台上字第一〇九號判例意旨，「若行為人於行為之際，手持木棍等工具向被害人頭部猛擊時，主觀上即有殺死被害人之不確定之故意」，統促黨幫眾明知學生手無寸鐵，卻持武器攻擊學生頭部，依照最高法院見解，足認行為之黑衣人主觀上有殺人的不確定故意，觸犯刑法第二七一條「殺人未遂」。

事實上，有多位學生指證黑衣人不只持甩棍，還有的持球棒等武器，而檢警調查指出，統促黨成員與台大學生，至少爆發三波肢體衝突，且因統促黨成員的動員速度快，不排除有黑幫假借人民團體名義，在幕後策劃操控，動員幫眾介入陳抗活動，滋擾合法集會等不法。為此，警政署啟動掃黑，期能有效制止黑幫干擾國內和平集遊。檢警在此次台大濺血事件能亡羊補牢、立即執法，尚值肯定。

但回顧太陽花學運期間，時任行政院長江宜樺下令政院「血腥鎮壓」，同樣有手無寸鐵的學生被警棍打得「頭破血流」，依據最高法院上開判例，下令鎮壓學生的江宜樺涉犯殺人未遂，卻未曾負起任何法律責任，因此統促黨效法江宜樺？隨意持武器攻擊學生頭部？

　　統促黨與江宜樺有著類似的粗暴手段與卸責之詞，涉嫌打爆學生頭部的黑衣人辯稱甩棍是在台大撿到的（意指非預謀犯案）；當年江宜樺辯稱驅離只有輕拍學生肩膀。但在科技發達的現代，血腥打人的影片早已流傳於網路，統促黨與江宜樺的卸責之詞，完全禁不起公眾檢驗。

　　綜上觀察，當年江宜樺處理「兩岸服貿協議」，企圖強渡關山，最後甚至下令鎮壓，用警棍把學生打得頭破血流；今日，同樣涉及中國因素的「中國新歌聲」，統促黨幫眾持甩棍把台大學生打得頭破血流。只要與中國因素有關，台灣人命好像變得不重要，更遑論言論自由等基本人權。

　　因此，統促黨與江宜樺提醒台灣人，要堅守得來不易的民主法治價值，與國際人權的普世價值接軌，必須留意中國因素的暴政本質。（作者為北社副社長，律師）

【早日釐清「固有疆域」的意涵】

陳逸南2017-10-25

　　國民黨立委王育敏十月十三日在立法院質詢時追問「固有疆域」等問題，行政院長賴清德答詢反問，「妳今天說我當行政院長，我可以管到習近平國家主席所管的範圍嗎？這已經超過現實了嘛！」賴揆認為，探究這個問題，不過是呈現臺灣的社會分歧，沒有意義。

　　依憲法第四條規定：中華民國領土，依其固有之疆域，非經國民大會之決議，不得變更之。大法官釋字第三百二十八號解釋指出：中華民國領土，憲法第四條不採列舉方式，而為「依其固有之疆域」之概括規定，並設領土變更之程序，以為限制，有其政治上及歷史上之理由。其所稱固有疆域範圍之界定，為重大之政治問題，不應由行使司法權之釋憲機關予以解釋。

　　許宗力教授（大法官）在《憲法與法治國行政》（二零零七年一月二版）第二百二十七頁指出：增修條文第十條（現改列第十一條）規定「自由地區與大陸地區間人民權利義務關係及其他事務之處理，得以法律為特別之規定。」這一條文對兩岸關係的重定位尤其重要，它除了賦與對大陸法

律之承認憲法基礎外，傳達出的另一重要訊息是，中華民國憲法的地域效力不再及於中國大陸，而只侷限於台灣。

行政罰法第六條第一項規定「在中華民國領域內違反行政法上義務應受處罰者」。惟大陸地區是否為此處所稱之「中華民國領域內」，由於「固有疆域」的意涵未能「釐清，導致行政管轄權之適用範圍，存有紛擾。通說認為行政管轄權不及於大陸地區，此與前述賴院長見解相近。目前，有些行政機關卻採行相反的見解，產生不少違法與不當的行政處分，人民需要訴願及行政訴訟，勞民傷財，也引起不少民怨，有待改革。

細讀十月十五日王景弘「『台灣』務虛務實六十八年」專論之結語，確保台灣與中國互不相隸屬的狀態，獨立生存在國際社會。這也是當前絕大多數台灣人民可以接受的底線。建議政府早日釐清「固有疆域」的意涵，消除台灣的社會分歧，確保台灣的主權地位。讓國人團結一致，依國際法「住民意願優先原則」及聯合國人權兩公約「人民自決原則」，臺灣人民共同來選擇過著幸福及尊嚴的日子，不容外力的恫嚇與干涉。（作者為台灣北社理事）

【台灣的出路】

吳進生2017-11-12

二〇一七年台灣下半年最夯的商品—義美「厚奶茶」，經由國際通路的合作，加上好食品專家的品牌力，驚喜的帶動大暢銷。其實產品誕生的起源，是企圖藉由新產品開發及行銷，來舒緩長期以來，台灣酪農在冬季面臨鮮乳滯銷困境。原創者專注於問題的核心，傳播「執行創意的創意」給供需雙方，用行動與原創將困局轉化成出路。

《澎湖和平宣言》倡議：二〇一七年十一月十八日，由澎湖縣探索未來發展協會主辦，台灣設計協會、澎湖縣國際藝術交流協會等九個單位共同發起舉辦的「未來・觀光・澎湖國際論壇」。面對東北亞局勢緊張，筆者深感舌頭可以解決拳頭不能解決的問題，於會中倡議《澎湖和平宣言》：澎湖四面環海，大都是依賴海洋為生的討海人，深知海洋不屬於澎湖，人類屬於海洋；正如地球不屬於人類，人類屬於地球。澎湖人深愛自己的子女，如同每個國家有智慧的領導人，也愛自己子女，及自己人民的子女。

荷蘭哲學家斯賓諾沙（Brauch De Spinoza）說，國家最終目的不是統治人民，而是使個人免於恐懼，且擁有絕對

的天賦人權。法國大革命時期（一七八九至一七九九年）智慧的人民，給予普世一個禮物，自由、平等、博愛。

政策創新，一切透明化：亞洲地區最富影響力的國際創意盛會，二〇一七Adasia亞洲廣告會議在印尼峇里島舉行。大會中，印尼漁業部部長蘇西（Susi Pudjiastuti）提出她的政策創新，最重要的是充滿勇氣的讓所有事情都透明化。蘇西以女性在穆斯林眾多的印尼成為部長是大突破，並鼓勵大家「做你自己」，同時對男人提出忠告，不要害怕女人超越，此分享引起來賓掌聲如雷。

蘇西的背景有別於一般政治家，中學肄業，後來因為從印尼中爪哇，把新鮮的漁產運到雅加達販賣而發跡，甚至成立航空公司Susi Air運輸海產。博士閣員重要，會做事更重要，魄力勇氣無分性別、學歷。

不要憂慮！有人說過，我們的憂慮不會帶走明天的難過，只會帶走今天的力氣。更要在勞碌中享福，累積翻轉的正能量。（作者為台灣北社理事，國際組召集人，動腦雜誌發行人）

【閱讀蔡前輩「逆風行走」的人生】

陳儀深2018-01-02

　　蔡焜霖前輩的口述訪問紀錄終於要出版了，而且是由政治大學台灣史研究所的同事好友薛教授主訪、由修過我（口述史）課程的淑如記錄整稿，倍感親切。

　　蔡前輩是一九三〇年出生於台中清水，台中一中畢業之後短暫就業，就在一九五〇年九月被捕入獄，一九六〇年九月從綠島「結訓」回來。他出獄後的人生算是幸運而且精彩，諸如一九六二年與學生時代的暗戀情人順利結婚，一九六六年創辦《王子》雜誌，雖因擴充太快等因素三年後遭逢財務危機、面臨破產，但後來投身廣告事業則相當成功。

　　不過，《王子》雜誌社招集了不少政治受難者一起工作，因而受到警察機關關切；而戒嚴時期經營一份兒童雜誌，也要受到〈編印連環圖畫輔導辦法〉的干擾，從這個角度看，蔡前輩經歷的「兩段」人生其實也是「一段」，他都為我們做了難得的見證。

　　蔡前輩的判決書罪名是「省工委會台北電信局支部張添丁等案」、也就是紅帽子「匪諜案」，同案的十幾個人他原本都不認識，其中有三位被判槍決、其餘判五至十二年不等有期徒刑、一位被判感訓。判決書說他「參加非法組織」大概是指他高中二年級參加的讀書會讀的是左翼思想的書，而

「曾為叛徒散發傳單」是根本沒有的事，只是被嚴刑逼供與承諾放人（威脅利誘）之下認的罪。

　　吾人為了理解戒嚴體制的政治犯處置，需要更多受難者現身說法，蔡前輩的受難流程是：彰化憲兵隊→台南憲兵隊→台北（警總保安處）東本願寺→保密局→青島東路軍法處大約三個月（一九五〇年十月十四日鍾浩東將遭槍決，現場難友包括蔡前輩為他唱「幌馬車之歌」）→新店臨時看守所→青島東路看守所（一、二十天）→內湖新生總隊（兩、三個禮拜）→從基隆坐船出發到綠島（一九五一年五月十七日）。蔡前輩對以上的時間順序與空間描繪至為清楚，可視為五〇年代白恐的標準案例。事實上，目前綠島新生訓導處部分牢房的復原展示，很多是根據蔡前輩所描述的狀況。

　　在民主化以後的台灣，轉型正義的實踐包括補償金發放、真相探求、不義遺址復原等，已陸續完成或至少有一定成果，要感謝蔡前輩等等受難者勇於出面談論、熱心參與推動；至於威權象徵的轉型或移除，以及政治檔案開放的坑坑疤疤，則是未竟之路。我們後來者除了感恩，應該更加努力工作，才不辜負受難前輩們的犧牲和苦心。（作者為台灣北社副社長，中央研究院近代史研究所副研究員）

【執政的務實與理想】

李川信2018-02-13

二〇一六年的大選，民進黨受到台灣人民的託付，得以完全執政。兩年來，務實的維持著中華民國體制，也交出具體的成績單。

為落實轉型正義，《軍公教人員退休資遣撫卹法》的年金改革，達到世代正義、國家財務永續經營。為促進政治革新，通過《政黨及其附隨組織不當取得財產處理條例》；並以《促進轉型正義條例》，平復司法不法，開放政治檔案，清除威權象徵，保存不義遺址－如人權園區等。同時推動《國家語言發展法》，展現國家多元文化，並使受到「一元語言政策」傷害的各族群語言，於國家資源挹注下，得以傳承、復興與發展。

為翻轉台灣教育，運用《實驗教育三法》，讓多元特色學校得以呈現新契機。教育部課審會將高中國文課綱文言文比例，由四十五％至六十五％下修為三十五％至四十五％，選文篇數則由三十篇降至十五篇。國教院在社會領域課綱草案，將高中歷史課綱由傳統的學習進程「台灣史、中國史、世界史」，改為「台灣相關分域討論、中國與東亞的交會、台灣與世界」，以專題呈現培養學生思辨能力，此舉不僅大幅減輕學生的課業負擔，同時也翻轉台灣的文史教育。

長期受國人詬病的公投法，以高門檻設計阻礙公投的進行，現在終於修正成為真正可提案可公投的公投法。

　　在國防方面，重啟長程飛彈量產，落實潛艦國造，提升國防戰力，深化國防自主。面對中國無止境的打壓，蔡英文總統總是沉穩以對，不亢不卑，不承認九二共識，不向中國惡勢力稱臣。

　　這些改革與堅持，理當獲得國人認同，然而改革若只做半套，不僅期待者失望，也難消弭反改革者的不滿。轉型正義能否彰顯以導正法治及人權？公投法修正卻設限議題，如何確保直接民權的行使？台灣人追求的理想─透過制度建立「真正的主權國家」，是否涵蓋在施政的核心藍圖中，以求慢慢實現？面對國家認同長期遭受扭曲，不該因「務實」而喪失「理想」。

　　期待民進黨政權勿忘其黨綱所揭櫫的台灣價值─正名台灣、制定新憲法、在適當時機舉行公民投票，以彰顯台灣為主權獨立的國家。更期待一個務實的理想主義政黨，帶領台灣人實現台灣夢。（作者為台灣北社社長）

【台灣論】

人一生成就，不會超過祈求，而祈求不會超過行動；國家是否也是這樣？大家在討論「台灣價值」，我們先從反向思考「什麼不是台灣價值？」如3月6日暴斃在高雄港內的三隻小虎鯨，腹中竟有18個塑膠袋，是誰殺了牠們？自私的人類，台灣是否在其中？

邁向台灣未來的《台灣論》，至少含：資源、人物和價值等，除政治經濟、軍事戰略外，可否增加信仰夥伴，可否增添應許的原創力！從無私人物或能幫助省思，找出台灣價值。

【過去人物】

日前前往松山教會（1875年創立），是馬偕（1844-1901）來台灣創設的第10間教會。他居住台灣30年，興建學校、醫院、教會，以「焚而不燬」最後「化為台灣泥土」。馬偕的無私是否是台灣價值？尚有南部的馬雅各、巴克禮等外籍人士，台灣人的安身活命很多是他們賜予的，大家又知道多少？

【此刻人物】

台東陳樹菊女士，平日省吃儉用的她，將積蓄花在公益慈善，在2010年被《時代雜誌》選為最具影響力人物。一

位台灣偏鄉賣菜的平民，都能做很多事。她憑著什麼能做這樣成就非凡的事——無私！台灣面對司改，為不成為箭靶，許多人開始避免說真話。今年1月上任的監委陳師孟不畏指責，剛強壯膽宣誓剷除惡質司法人，是否也是台灣價值的進擊！

【未來人物】

未來人物在哪裡？公民和政府，當求真去假、保護弱小，以公義落實永續台灣。無私的人物，成為教育典範，培養台灣價值的基因。

2018年，是以色列建國70週年，借鏡以色列人歷史《列王紀上》記載。所羅門王向神單求智慧，神對他說：「你既然求這事，不為自己求壽、求富，也不求滅絕你仇敵的性命，單求智慧可以聽訟，我就應允你所求的，賜你聰明智慧，甚至在你以前沒有像你的，在你以後也沒有像你的。你所沒有求的，我也賜給你，就是富足、尊榮，使你在世的日子，列王中沒有一個能比你的。」

以無私播撒台灣價值共寫《台灣論》；在指望中喜樂，在患難中忍耐，常常祈求台灣成為世界的祝福。（作者為台灣北社理事，國際組召集人，動腦雜誌發行人）

【民進黨執政兩周年的觀察與期待】

李川信2018-05-21

　　二年前，蔡總統受台灣人託付，當選「中華民國」第六任總統，時值「外交休兵、國防旁觀、內政崩壞、並任中國予取予求」的國政下，蔡總統臨危授命要翻轉台灣，實屬艱難。總統上任後，堅定拒絕接受所謂的「九二共識」，同時守護台灣主權，建設國防，穩定經濟，可看出總統擬一步一腳印的穩紮台灣的基礎工程，以鞏固台灣成為富足安樂的國家。

　　我們欣見政府「重啟長程飛彈量產，落實戰機及潛艦國造」，以強化台灣的自我防禦能力，但台灣的國防預算僅占GDP的1.9%，巧婦難為無米之炊，在惡鄰虎視眈眈下，理應調整至3%，才有足夠的資源提高戰備，保障台灣的安全。另應終止自我弱化的全「募兵制」，建立專業軍官、士官及兵的「徵、募並行制」。

　　面對中國透過各國政府及國際企業，在國際間全面圍堵，將台灣綁死為中國的地區，我們期望政府能強力反擊，越不吭聲越易軟土深掘，中國的那隻黑手已明目張膽地伸進國內，「民視新聞台被斷訊，大愛台連續劇智子之心被下架」，不僅剝奪新聞自由及閱聽人權，更造成爾後的寒蟬效應，政府實不能等閒視之，應以國安態度處理。

台灣外交處境艱困，美國通過台灣旅行法強化台美關係後，美國172位聯邦眾議員致聯名信，強烈敦促世衛組織（WHO）秘書長譚德塞，應無條件讓台灣參與今後所有的世界衛生大會（WHA），美日歐多國政府亦跟進支持。國際間為台灣創造有利的氛圍，期望政府乘勝追擊，主動提出申請加入WHO成為會員，不達目的不罷休。

　　為加速台灣產業升級及結構轉型，政府提出「縮短城鄉差距、活絡地方產業」的前瞻計畫，及「智慧機械、亞洲矽谷、綠能科技、生醫產業、國防產業、新農業、及循環經濟」五加二的創新計劃，作為驅動台灣下一個世代產業的成長與動能。目前「智慧機械」年產值已破兆元，失業率亦大幅降低，經濟景氣明顯復甦，但遺憾的是個人薪資所得的幅度增加不大，要達到經濟成長讓全民共享的分配，是政府更應努力的目標。

　　台灣需要有魄力的領導人和行事果決的執政團隊，對內強化經濟實力、自我防衛能力、及國家認同一體，對外彰顯台灣主權，才能凝聚國人的士氣與信心，成為蔡總統執政的堅強後盾。（作者為台灣北社社長）

【私運、眾運，影響國運】

吳進生 2018-08-28

六月中旬到歐陸十三個國家深度主題旅行。以火車、城市電車與地鐵為交通工具，親眼見證「社會設計（social design）」的大眾運輸。

台灣近50年來，國家交通政策最大失敗，中央與地方是否皆怠惰於推動「眾運」的公眾運輸政策，長期縱容「私運」橫行無阻，致車禍意外傷亡不斷（2017年12月統計台灣近4年交通事故死傷人數每年約40萬）？如是，值得深究與動腦。

【私運橫行，交通之癌】

2017年12月底交通部統計，依內政部公布2350萬總人口數計算，平均每百人擁有93.7輛汽機車等機動車輛；其中，汽車794.8萬輛，平均每百人33.7輛（這比例可說是大街小巷汽車為患的根源）。機車的數量更是驚人，共有1300多萬輛，平均每百人約60輛。汽油的消耗，碳排放污染，與造成的疾病對人民健康的傷害，又是一個嚴重問題。

【解決之道，疏導政策】

可行方案如鯀禹治水政策之別：圍堵與疏導。聖彼得堡的地鐵，同一票價、一票到底，只管進站，不管出站。許多歐陸國家火車與地鐵，也大都是管進不管出站；瑞士德國波

蘭等國，甚至許多月台與街道相連，無任何閘門欄桿。節省設備、人力，以及客旅出入時間和安全變數！

【用腳踏車，節能減碳】

鼓勵利用腳踏車作為短途及與公共運輸系統並連的私運工具；配套方案，大眾運輸工具中，妥備良適停置處所。歐陸首都及二三線城市，罕有騎機車者，台灣各城市在這方面遠遠落後這些國家？

【同一票價、一票到底】

居住遠離市中心，不表示窮；但不可諱言的有許多人因經濟因素，選擇在遠離首都市區工作地點的郊區居住。如果「窮人翻身」，是一個有良知的公民社會共同追求的目標。是否能給經濟上較窮乏者一個翻身的機會？如是，則要給予基本時間、空間（居住地點選擇）的自由。即不會因為距離城市的遠近，而付出巨大的交通代價。社會公義，從城市捷運「同一票價、一票到底」不宜以里程長短計費開始。

馬太福音提醒：你們要先求他的國和他的義，這些東西都要加給你們了。（作者為台灣北社理事兼國際組召集人、動腦雜誌發行人）

【分裂的台灣如何能走向獨立?】

陳儀深2018-09-25

　　上個月利用暑假的尾聲去一趟美國，主要是去東岸的國家檔案館蒐集1958年八二三炮戰期間美國政府的作為。我的出發點仍是，台灣如果已經是個獨立國家，它的領土台澎金馬是何時確立、如何確立的?解嚴之後九〇年代的民主化固然翻轉了治與被治的關係，但是「軀殼」的確立也很重要：根據1958年美國國家安全會議的分析資料，中華民國軍隊日趨老化，而「年輕台灣人」的加入（即徵兵）約占三分之一，使得國軍平均年齡降為26歲，換句話說，確立台澎金馬領土範圍的一場戰爭，除了美國因素，乃是不分本省外省族群一起完成的。

　　今日仍然有人認為國民黨灌輸反攻大陸神話，所以八二三炮戰是國共內戰延續而與台灣人無關，這雖然有部分道理，但國共內戰何時結束?台灣人何時參與了這個新國家的締造?所謂「生命共同體」的背後必有個時間因素，若林正丈教授把戰後台灣政治史逕稱為「中華民國台灣化的歷程」，實蘊含著辯證的智慧。黨外勢力的誕生、增額中央民意代表定期改選、太平島的命名、金門馬祖的保衛、開放黨禁、民主化的歷程，與台灣人有關或是無關?個人認為，所有的歷史都是近（現）代史，應該從今日利益、今日需求的角度予以解釋。

　　進一步說，若將來台灣要進行制憲正名公投，一起投票的必然是不分藍綠、不分族群，而且必須壓倒性的多數，才

能得到國際的支持、才能抗衡北京的壓力。前天我的朋友廖宜恩為了鼓吹十月二十日的群眾大會，投書說「等待時機」常是不作為的藉口，「如果不是現在，那要何時?」我的回答是：君不見「兩岸一家親」的柯文哲仍是台北市第一名，大阪辦事處處長的不幸明明與來自中國的假消息以及網路霸凌有關，卻被ㄠ往民進黨政府大量「政治任命」外交官的方向去，台大校長的爛戲拖棚至今，背後難道不是欠缺國家共識的暗疾?主戰派對「我們的」實力評估未免太樂觀了。

八月卅一日喜樂島聯盟的宣言開宗明義說，最近中國步步進逼全面打壓，乃是民進黨執政兩年多以來「為討好中國而主張維持現狀...」所換來的結果：中間還說國民黨和民進黨「兩黨本質都是敵視民意、踐踏人權!」調子既然這樣，這場集會的矛頭當然不只是「拒絕中國霸凌」，所以民進黨中常會決議其黨公職及候選人「不應參加及參與動員」，也是情理之常，就不要互相指責了吧。

蔡同榮在世的時候曾接受我的口述史訪問，他坦白說起2003年公投法在立院通過時，由於美國與中國的壓力，陳水扁總統透過張俊雄秘書長來要他撤案的經過：最近一次2017年公投法部分條文修正時，美國方面的莫健不是又出現在立法院嗎?前幾天司徒文先生在台北的公開演講也指出，兩岸關係在可預見的未來，「現狀」是所能期待最好的狀況。這些資訊，希望能給喜樂島的朋友們論述時作為有用的參考。（作者為台灣北社副社長，中研院近代史所副研究員）

【假新聞之中國急了！】

潘威佑2018-11-06

今年（2018）的選舉，讓台灣人民感受深刻。自2016年民進黨重回執政後，因為總統大力推行各項改革：一例一休、勞資問題、推動廢核家園等多項政策，期望集創黨以來最優勢的全面執政和立法力量，實踐民進黨在創黨時代起的本土理念最大化初衷與對人民的承諾。也因而引爆受到改革以致權益受損相關群體的憤怒和強力對抗；更讓虎視眈眈的中國因台灣島內紛亂不休而有機可趁，積極培植和重整對認同大中國主義的政黨團體，並進行島內分化。

從小英政府執政開始，這些情況一直沒有停過。我們觀察到，在社會中有團體與人們對於政府改革給予監督肯定與打氣的同時，另一群人卻對這些改革極端詆毀與否定，大肆散播假新聞，似是而非的訊息佈滿了島內的空間。國安單位近期在立法院報告指出：專門培養媒體，在各個不同社群網站建立帳號，進行所謂認同中國、分裂台灣意識的電子戰，今年（2018）選舉是首次練兵，真正目標係企圖於2020年扶植建立親中政權。回顧歷史，和當年中共利用所有可用宣傳管道，大肆詆毀國民黨在中國境內所有建設與發展，終而成功擊潰中國國民黨，手法如出一轍。

台灣目前民主制度的完備與成功，相對於共產中國專制極權統治政體而言，有如芒刺在背。所主張的一國兩制，台灣人民鑒於港澳特區的經驗，更不可能接受。中國為了統一台灣是無所不用其極。今天利用台灣民主自由，言論開放的體制，利用部分媒體、政黨團體、名嘴們等共同聯手，讓假新聞喧染效益擴大加倍，目地就在擾亂台灣社會人心，造成國家族群認同分裂。如果人民關心這次選舉，可以觀察候選人言論政見的合理性，以及政府執政近四年為人民所作的努力和成果，對比假新聞的內容，就會清楚何者為真。民主的好處是人民可以監督政府，參與其中，不是置身事外。請注意不要因為假新聞的流傳，讓不健康的選舉文化，造成新的族群撕裂仇恨，使得敵國獨裁專制的政體有機可趁，導致台灣辛苦建立的民主政體功虧一簣，願共勉之。（作者為台灣北社秘書長）

【這一票，選的是美日同盟或中國一省！】

張葉森2018-11-20

本月二十四日星期六，就是九合一選舉，加上台灣有史以來最多公投案的超級投票日。再怎麼無感，都可以察覺這次和以前的地方選舉非常不同：中國的手，已經毫無忌憚的深深介入！除了引起國際社會密切關注，更迫使利害相關的美日兩國明白表態。

國際觀察的焦點，莫不放在中國如何操控這次台灣選舉。國安人士曾表示，從第一次總統直選開始，中國即已介入干預，廿二年後的今天，操作模式已進化成一個成熟的「產業鏈」，除了中國的指揮系統，也架構出層層金流／宣傳／動員系統，滲透台灣的成員如水銀瀉地散布各角落：媒體、黑道、賭盤、親中促統團體等。中國運用這個系統，透過台商等組織，將龐大的資金以隱密的方式轉入特定團體，幕後操作台灣媒體及網軍造神以及扭曲抹黑栽贓與霸凌，用大量假訊息進行洗腦，強力箝制所有質疑或是支持對方的言論，目的當然在影響選舉的結果。

最令人擔憂的是，如果中國可以成功的藉這麼卑劣的手段，在短期內將一無是處的傀儡塑造成救世主，或將長期努力備受稱譽的菁英，抹黑栽贓成萬惡不赦的惡人，如此不僅是台灣的夢魘，更是對所有民主體制國家的威脅！近日，AIT於臉書指出，TVBS將「莫健稱台灣假訊息是全世界最嚴

重的地方」專訪下架，除了凸顯台灣輿論遭外在勢力操控的嚴重，也是對選舉結果的擔憂。

這次投票的結果，攸關的不只是各縣市未來的發展，更關係著台灣未來的前途。這幾天，美國兩支航母戰鬥群在菲律賓海域軍演；日本前將領說「美日會採取一切措施，不顧代價維護台灣」；APEC峰會張忠謀與美國副總統彭斯雙邊會談，沒有彭習會...。美日和中國都一樣對台灣強烈表態，身為當事人的我們，豈能置若罔聞認為事不關己？

當中國節節進逼，要利用台灣的民主選舉顛覆民主價值之際，一一二四是台灣民主自由與中國獨裁專制力量的對決，國人務必要去投票表明立場！除了選出合適的人選，淘汰不適格者外，更要記得對公投第十三案「東奧正名」投下同意一票，宣示台灣要民主、要正名的決心。

處在美中準冷戰夾縫中，身在台灣的你我應該要選擇美日同盟？或成為中國一省？選錯邊、站錯隊的結果，等著台灣的將是一場大浩劫！保民主、保台灣，大家一起來！（作者為台灣社社長，前台灣北社社長）

【台灣維新花東未來】

吳進生2018-12-04

今之花蓮，昔稱洄瀾。一府、二鹿、三艋舺、四洄瀾，增強永續國際競爭力！

花蓮、台東人長期有二等國民的焦慮，一直渴望能如西部一樣有高速公路。環保人士卻始終認定，花東是淨土宜慎加保護。然學界另有「冪次效應」的疑慮。以上是否皆為國土最佳化的思辨？

花東鐵道，聯外升級：台灣地狹人稠世界第二，以及面臨自然環境快速驟變挑戰下，必須積極思考過去鮮少思考過的具體解決方案，如歐規高速鐵路取代高速公路的交通政策；高速鐵路占用土地少，在土地資源方面，高鐵與四車道高速公路相比，相同里程高鐵佔地約為高速公路的三分之一。其本質為眾運與私運如何彼此效力搭配系統的問題。

首先可從花東聯外鐵道升級著手，如南港—頭城直線鐵道，讓南港直通到頭城，才能增速；若不改只能永遠限速，用傾斜列車非根本之計。直線為原則，環境破壞最少，技術不是問題，此將預作伏筆。

花東未來，台灣未來：「北花東高鐵」需有「創造性需求」的理念，才能自現狀打轉中突破；小則打造舒適感如芬蘭歐鐵車廂，大則如阿爾卑斯山長隧道的貫通、處處可見瑞

士歐陸的直上直落高山鐵路。花東擁有極佳觀光資源，理解「私運眾運，影響國運」，僵局將豁然而解成格局，厚蓄自主性。

如此一來，一、尊重環保界的多元主張。二、積極回應花東住民的迫切需求。三、利於沿線均衡發展，避開幕次效應。進而讓台灣觀光產業沾花東之光，站上全國產業的首位，使花東成為台灣維新的起手式。

台灣東部要發展，又不能重蹈北部、西半部之混亂，兩者可並行不悖，塑造寶島未來新典範。五百年來台灣發展由南而北，一府、二鹿、三艋舺，台灣地形與面積的侷限性，未來形勢自然由西而東，建設「四洄瀾」不言可喻。

「我向你們所懷的意念是賜平安的意念，不是降災禍的意念，要叫你們末後有指望。」（耶利米29：11）願花蓮、台東一小步，世界一大步！一切從落實「花東未來，台灣未來」認知開始！（作者為台灣北社理事，國際組召集人，動腦雜誌發行人）

【紀念二二八與台灣民族主義】

陳儀深2019-2-26

　　我們這一代「年逾花甲」之人，讀中學、甚至大學的時候，每逢「國父」逝世紀念日、三二九青年節、七七抗戰紀念日、雙十節、總統華誕（後來加上蔣公逝世紀念日）等等，除了放假還常常有海報比賽、作文比賽或演講比賽，無非是塑造中華民族意識形態的黨國教育花樣。對個人而言，意外的收穫是「覺醒」以後用筆發表政論、甚至九〇年代幫反對黨助選所需的群眾演講能力，竟是在學生時代磨練出來的。

　　如今翻翻日曆可以發現，什麼植樹節、青年節、總統華誕……都已不存在，新的放假日竟有二二八和平紀念日，這一天不但各縣市有不同方式的官方紀念，中央方面的「中樞紀念」總是由總統出席講話。今年二月廿四日幾十個民間社團合辦的「堅守正義・持續轉型」大遊行，除了「復刻」解嚴前後鄭南榕、陳永興等人發起的二二八和平日運動以外，主題是要求政府加速落實轉型正義。其實九〇年代以來不論台教會、長老教會以至國家聯盟所主辦的遊行，訴求大都環繞在國殤、民族創傷、邁向正常國家云云。這種年復一年的紀念日，既是召喚過去、也是檢視當今有權者的工作成績。

　　於此，我們首先應該鼓勵自己的是：這種政治性節日背

後的價值，得以從中華民族主義轉變到台灣民族主義，是多少人努力的結果！民間社團的發動固然有功，但民進黨逐漸茁壯、在立法院取得相當席次，才有可能透過立法使它成為制度，這也是一九九五年「二二八事件處理及補償條例」通過、公布、施行的由來。關於轉型正義最重要的歷史真相，歷經李登輝時代的二二八研究報告、陳水扁時代繼續清查檔案並公布責任歸屬研究報告，但還是有隱藏在不同機關、不見天日的檔案，必須到二〇一六年民進黨完全執政以後，新一波的清查、移轉才接近徹底完成。據筆者二〇一八年參與訪查小組經驗，國防部情報局已經把當年「保密局階段」的檔案全部移轉給檔案管理局，其中就有完整的鹿窟事件檔案。

解嚴之前，台灣民族主義雖然有島內（緩進）與海外（激進）的不同，解嚴之後台獨聯盟遷回台灣、基本也參加了選舉，如今透過民主選舉可以使國民黨下台、可以改變中國化的教科書、可以使軍隊國家化，這些都是台灣民族主義的基礎，儘管今日面臨不同的時代課題，但最大公約數應該還是先鞏固本土政權、深化民主才是正辦。（作者為台灣北社副社長，中研院近代史研究所副研究員）

【台灣未來】

吳進生2019-03-26

台灣未來不是台灣要向世界取得什麼，而是台灣能提供、要提供世界什麼？世界的「逃城」、四生（生活、生產、生態、生命）的希望。台灣未來，你的未來！

台美中關係：美國總統川普應清楚，中國很多人崇拜瑪門（Mammon，新約描繪物質、財富或貪婪）。川普說，在美國，我們不崇拜政府，我們崇拜上帝（In America, we don't worship government, we worship God.）。

台灣雖小，在處理與強國關係時，堅信「台灣不是棋子，是盟友」；有這份自信，才是台灣未來。學習古猶太的智慧，我們要為美國祝福，願華盛頓平安！「願耶路撒冷平安」（詩篇122：6）。台灣和美國是信仰夥伴。

台灣、中國的關係，就是台灣與世界的關係。台灣要成為中國與世界的「逃城」（約書亞記20：1~6）。當務之急要制定《台灣國際難民法》，成為世界人權的新燈塔。

信的國度：要親美，要親中，更要親世界；親誰不親誰，是否都不如讓世界「親台」？讓公義親台，讓世界的好事和時代的好事，都在台灣發生，使台灣成為信的國度。小政府、低稅；小政府稅負自然低，稅低財聚，近悅遠來。

愚蠢的命題：「台灣有什麼好親的？」智者則問：「怎樣讓世界親台？」信與不信不要同負一軛。義和不義有什麼好相交呢？其執行創意的創意，是否在於自由保障！

　　自由保障：在一片「拚經濟」聲浪中，有錢不一定有財富，財富包含尊榮與生命。1974年諾貝爾經濟學獎得主海耶克（Hayek），在其著作《到奴役之路》（The Road to Serfdom）告誡：「願意放棄自由來換取保障的人，既得不到自由，也得不到保障。」「哪裡沒有財產權，哪裡就沒有正義。」

　　想壞得壞，想好得好；想成為奴才，則拍馬奉承；想成為主人，則不坐褻慢人的座位，兩者各心想事成。

　　「你若能信，在信的人，凡事都能。」（馬可福音9：23）根據四生原則的國土最佳化，作為氣力的源頭。把國門開在全世界，規劃台灣未來，由西向東經略花東未來，設計國家翻轉產業。台灣未來，信的國度，你我共寫世界的祝福。（作者為台灣北社理事，國際組召集人，動腦雜誌發行人）

【凱道造勢「韓流」再起？】

陳逸南2019-06-04

去年「九合一」選舉後，中共媒體高度抬舉「韓流」及韓國瑜的肯認「九二共識」。例如在北京的中華全國台灣同胞聯誼會主辦、出版《台聲》第四六二期（十二月五日出版）刊載「肯定韓國瑜時不能只看到表象」一文提到：……，「九二共識」是他對兩岸關係看法這樣簡單的一個立場，最終在高雄掀起了「韓流」，……。另篇「韓國瑜現象：民進黨輸了，國民黨卻沒贏」一文指出：「韓流」所激勵低迷已久的藍營底層的回歸與中間選民對民進黨政策的逆反，可以在「九合一」選舉中為國民黨的選情注入活水，稍有斬獲。

本人發現前述「逆反」係來自「反年改」群體的「恨」力量的集結與反撲，加上「親中」勢力、意識形態之助長而成。依常理，民粹主義者動員普通人（高尚的群體）、抵抗精英（自私自利和非民主的）。「反年改」群體有精英在內，因此，「反年改」應該不是民粹主義在台灣的展現。

依媒體報導，韓國瑜六月一日在凱道大型集會表示，「總統要對外簽訂自由貿易協定，並配合推動自由貿易經濟區，若能排除障礙，台灣競爭力會一飛沖天。」

本人認為前述「推動自由貿易經濟區」，沒有創新發展，無法提升競爭力，在當前美中貿易戰之際，如果自由貿易經濟區淪為「變更產地標示」之用，將嚴重損害台美貿易的正常發展，得不償失，因此，自由貿易經濟區的設置，必須審慎考量。

　　韓國瑜當天也表示：「外交則要翻轉撒錢、贈與的『凱子外交』為『發財外交』，讓外交官肩負經濟任務，並帶動兩岸穩定。」在此所謂「發財外交」，之後有人解釋為「經貿外交」。本人認為「發財外交」為多此一舉，由於台灣外交環境特殊，積極推動「經貿外交」已有數十年，例如派經貿官員在世界各國打拚、參與ＡＰＥＣ、參加ＷＴＯ，這是事實，何必再來「發財外交」呢？

　　在六四天安門事件三十週年前夕，六月一日在凱道上，「紅衣韓粉大動員，營造紅衫軍再現」之情景，好像是藍營高、低層之間的「階級鬥爭」。如有中國「赤化因素」介入，引發其他政治意圖，將是台灣的不幸。凱道造勢「韓流」再起？值得觀察。（作者為台灣北社理事）

【台灣未來當責社會】

吳進生2019-10-21

台灣邁向新文明，建造者需以「當責」為磐石。但什麼叫當責？

【牛津大學真實見證】

在1985年，人們發現，牛津大學有座350年歷史的大禮堂，出現了嚴重的安全問題。20根橫樑已風化腐朽需要立即更換。為保持大禮堂的歷史風貌，必須只能用橡木更換。但要找到20棵巨大的橡樹不易，且每根橡木得花費至少25萬美元，使修繕進度一籌莫展。

這時，校園園藝所來報告，350年前，大禮堂的建築師早已考慮到後人可能面臨的困境，當年就請園藝工人在學校的土地上種植了一大批橡樹，如今，每棵橡樹的尺寸都已遠超過橫樑的需要。這真是一個讓人肅然起敬的消息！一名建築師350年前就有「當責（Accountability）」的用心和遠見。

19日這天，宜蘭有兩個頭城，之前的頭城，之後的頭城。在台灣319最幸福的小鎮頭城，人口約2.9萬，剛辦了一場名為「彈性思維，迎向下一個台灣」的講座，要翻轉鄉鎮、翻轉台灣。

連續九年得到世界GDP排名第一的瑞士，年均收入是8萬美元，而其中人口僅3萬的楚格邦，人年均收入是16.5萬

美元，堪稱瑞士舉國的火車頭。

有感於專業女性要兼顧家庭與工作，造成台灣生育率與就業率成為世界之末。在宜蘭頭城小鎮的這個活動，想要播下一顆種子。讓蘭陽平原所有二度就業的優秀婦女勞動力，全數百分百釋放，充分發揮所長，使鄉鎮的產業全部翻轉。有可能嗎？看看同樣3萬人口的楚格邦之於瑞士。

【當責播種成就台灣】

日前有一本新書《共好，從當責開始》，出書的動機是最壞的年代，只要有心，就有辦法。本月底將又有另一本新書《昨是，今是》出版，祈祝也有如牛津大學350年前播種橡樹的遠見。

27日福和會將舉辦「憲政研討會」，談「台灣的定位：單一國家制或聯邦制？」及「陪審團制是否攸關司法改革？」期成為台灣與全球保守價值的連繫橋梁。

「但願使人有盼望的上帝，因信將諸般的喜樂、平安充滿你們的心，使你們藉著聖靈的能力大有盼望」（羅馬書第十五章13節）。共祈台灣未來，當責社會！（作者為台灣北社理事，國際組召集人，動腦雜誌發行人）

【記取李前總統的叮嚀】

陳逸南2019-11-03

一九九六年一月十三日出版《經營大台灣》（李登輝著），作者序指出「經營大台灣」理念的體現，其實也就是全體國人生命力的展現與發揚。經營者必須有明確的目標和堅定的信念，才能帶領國家開拓宏大的格局。而對於國政的經營，有兩項重要的理念基礎。其一是實踐「主權在民」的決心。第二項理念是向歷史負責的胸襟。要掌握契機，以最短的時間、最少的代價，完成最大的改革，成為一個現代化的文明國家。

我們發現，美國當代憲法學家與政治理論家布魯斯·阿克曼（Bruce Ackerman）著《WE THE PEOPLE》Foundations的漢譯本《我們人民：奠基》（2017年1月出版），該書序言指出，美國成功關鍵在於「人性尺度上的革命」（revolution on a human scale），其不同於「完全革命」（total revolution）及「常規政治」（normal politics）。

又指出，美國人是如何反覆實踐這一在人性尺度上進行革命的卓越技藝。一個關鍵概念是「憲法時刻」（constitution moment）。……憲法時刻起始於民眾運動的領導人控制了美國政府的某一個主要機構時，通常是總

統……。這一對抗引導「改革者」和「保守者」各自動員其支持者，以期在下一次的選舉中贏得壓倒對手的勝利。

李前總統十月十九日發表「民主台灣－是我們的驕傲」專文強調，台灣處在最黑暗的時機，但也是最光明、最有機會邁向正常化國家的時代，在此關鍵時刻，請大家支持蔡英文總統連任，以改變政治亂象，並於第二任期間啟動憲政改革工程，強化台灣主權獨立的國家地位，創造華人世界民主政治的新典範。

修憲歷經七次增修條文的制定，但基本架構堪稱無所變異，甚至也鮮有討論空間。憲法攸關國家定位與發展，但活在當下的我們，卻不容許全盤檢視國家基本大法，殊屬全球絕無僅有的現象。福和會十月二十七日舉辦「憲政研討會」，旨在辯正台灣的地位：單一國家制或聯邦制？

明年總統大選，執政的「改革者」與在野的「保守者」之競爭，益趨熱烈。如何讓台灣走向民主自由的正常化國家，仍是一項重要的工作。記取李前總統的叮嚀，具有重要的意義。團結台灣，鞏固民主，大家共同努力吧！（作者為台灣北社理事）

【三張選票守護台灣】

李川信 2019-12-31

台灣歷經一九三五年日治時期的首次選舉，到二戰後無數次紛爭不斷的大小選舉，總算奠定了民主基石。面對十天後總統及國會選舉，台灣人仍然大意不得。

中國的習近平於今年年初提出「九二共識一國兩制台灣方案」，以中國霸權之姿，配合台灣親中勢力，逼迫台灣降共；之後韓國瑜訪「港澳中聯辦」，表態願意接受九二共識與簽訂和平協議，中國國民黨則隨即提名韓國瑜角逐二零二零年總統。台灣人的「亡國感」危機，從這不尋常的提名過程於焉產生。

今年六月，香港對中國不信任的「反送中運動」，一波波的抗爭，有近三分之一的香港居民參與，導致十一月二十四日的區議員選舉，不僅投票率破七成，民主派區議員的席次更大幅躍昇至388席，親中的建制派只剩59席。香港的選舉結果，台灣人是否得到啟示？

台灣有優勢的戰略位置，但國際局勢詭譎多變，在強權爭奪下生存本屬不易。蔡總統執政三年多來，面對中國文攻武嚇，沉著穩重，提出「國艦國造、國機國造」，並購買先進戰機與武器，確保台灣有足夠的自我防衛能力與決心，獲得美日歐盟等國家的支持信任。台灣內部不是藍綠問題，而是追求自由民主保台加入美日隊，還是反民主自由親中加入中國隊之間的拔河。唯有透過一次次的選舉，埋汰親中的候

選人，台灣的安全才能確保，而總統票支持蔡總統是抗中保台最佳保證。

美國CSIS智庫亞洲顧問葛萊儀，近期在美中關係回顧的聽證會強調，如果二零二零年中國國民黨在立法院取得多數，中國將信心大增，對台灣採取封鎖的「蟒蛇戰略」，勢必奏效，並能迫使台灣投降；可見總統連任與國會過半的重要性。

陳師孟監委約談「判馬英九無罪的」唐玥法官，引起全國八成的司法官反彈，可是他們忘了，台灣司法是人民最不信任的一項公權力；司法沒有制衡監督，就是司法獨裁。台灣現行憲政體制，唯有監察委員可以監督法官，下屆總統將提名監察委員、考試委員、NCC委員等之人事需經立法委員同意。為避免國家又陷入空轉，政黨票絕不能支持親中的政黨，務使台派不分區席次極大化。

在此歷史關鍵時刻，期待台派朋友，打消不投票及投廢票的念頭，避免台灣承擔不確定的風險。守護台灣的自由民主，就是以手上的這三張選票，擊潰親中勢力，幫台灣在國際發聲，讓台灣成為正常國家。（作者為台灣北社社長）

【2020年1月11日是台灣民主史上最值得驕傲的時刻】

潘威佑 2020-01-14

　　台灣的執政黨由於政策改革的爭議，2018年的地方選舉慘敗，民進黨正副總統候選人蔡英文、賴清德組合以得票率57.1%，超過817萬票，贏得大選!立法院一一三席立委中，拿下六十一席，再度在國會單獨過半。強烈顯示台灣人民向中國「一國二制」大聲說「不!」的決心，確定了台灣本土化方向。

　　這次選舉最驚奇的莫過於基進黨陳柏惟、民進黨賴品妍以出生之犢，創造鮮明的個人形象，配合網路媒體，強勢挑戰不可能任務大獲成功。更進一步確認網路媒體在選戰中的決定性角色。

　　政府在第一任所推舉各方面的國家政策雖然有部分民眾或有不滿，但在執政團隊團結一心的領導下，歷經許多NGO團體的民意監督，都願意去改變政策推動的路徑，也讓過去舊有沉痾造成不公義的政策能大破大立，短短執政三年半多時間，做出這些改變，尤以全台一些艱困立委選區，激發出過去12年來不曾有過的高票數，種種這些成果，著實讓人民感受到政府願意傾聽民意的誠意。

　　這次選舉，讓很多年輕人看到執政團隊候選人跟所屬團隊立委候選人對於敵對陣營的攻擊抹黑，所保持的有條不

系，專業理性的選舉問政態度，對比對手荒腔走板的厲聲辱罵抹黑，讓年輕人們特別有感，中共與台灣相關友好政黨不停的利用媒體、賭盤、動員，浮誇式的心理戰術，尤以香港問題的發生，親共派立委與政黨的不分區佈局，激發起台灣中新生代的恐懼，誰都不想要在一國兩制的未來，自己的子系上學還要跟父母親要求買防毒面具對抗親中政府，這些都是有可能發生的未來慣性（inertia）。

新的政府與新國會均已產生，對於提出新國家政策:調升基本工資三萬元、修訂最低工資法替代基本工資制度、勞工職災保險與保護法中對於五人以下企業強制投保與最高投保薪資上調72800元、勞保條例修正草案中政府每年撥補至少200億元，並負最終支付責任等、廢止印化稅法、權證避險降稅的證交條例、關鍵汽車零組件進口關稅的海關進口稅則；甚至對於司法改革與轉型正義、12年國教技職與本土文化教育的加強、營建循環經濟的多元推廣、制憲正名的規劃與落實、公民權降至18歲、印太與中亞地區國防經濟政策的連縱合作等等，相關濟世利民的各項政策，都是支持者們有所期待政府能大刀闊斧去讓台灣這個國家變的更好。

如今選舉激情已圓滿落幕，台灣民主自由得來不易，我們國人更應要團結一心，支持政府國防外交與改革創新，讓生活在這國家的每一個人，都能安康自在。（作者為台灣北社秘書長）

【誰主明日？】

吳進生2020-02-04

中國、中國人、中共，各自為不同的涵義，是三個不同的概念！而今，情勢逆轉。

中國，是地理名詞；中國人，是族群稱謂；中共，是統治當局。然而，在武漢肺炎爆發後，普遍認定反共宣稱是要區分，但在防疫與貿易戰「中共、中國人、中國，一起嚴防」。不希望它成為中華人民共和國，長植國際人心難以抹去的負面標籤。

世界衛生組織（WHO）秘書長譚德塞，提供不實防疫訊息，誤導全世界，低估武漢肺炎嚴重性，片面相信中國提供的資訊，且刻意排除台灣，使世界防疫產生漏洞，不適任秘書長角色，引起網民大力撻伐，連署促其辭職。

台灣是台灣外交部部長吳釗燮表示，台灣與中國的衛生是由兩個獨立，不相互隸屬的衛生機構管轄。飛航情報區也由兩個不相互隸屬的民航機構主管。他向WHO闡明「台灣是台灣」。

對比2003年SARS時期，樂見外交部的更積極作為，沒再說「令人遺憾」的濫調，而是清楚向國際發聲。

面對武漢肺炎疫情迅速擴大，各國亦斷然採取嚴密防堵，如美國全面禁止最近14日內到過中國的非美國公民入境美國。德國《明鏡》周刊則以「冠狀病毒‧中國製造」做封

面標題，即便中國抗議，仍遭言論自由回應，黃皮膚儼然成瘟疫代名詞，造成前所未見的亞裔歧視。

堵疫自主性類似疫情未來是否將成常態？台灣是否要思考，面對挑戰時，如何能夠為自己、世界提供最佳資源？關鍵取決於「自主性」與「即時反應」。

譬如，疫情所需之緊急物資，像是口罩和酒精等，平常就將性質相近的生產工廠，設計成可適時轉換為口罩等物資應急工廠，以供世界疫區急用；人員調度上，投產視同作戰，基本相關技術宜列為常備兵役、後備軍人等常規訓練，儲備救災物資生產部隊。增加台灣自主性，成為「堵疫物資戰」的國際基地。願台灣未來大有盼望，有能力自助愛人，晉級世界抗疫不可缺的一員。

德國哲學家康德說，一個人的缺點來自他的時代；但美德和偉大卻只屬於他自己。誰主明日？詩篇：「我們經過的日子都在你震怒之下；我們度盡的年歲好像一聲歎息。」願武漢平安！世界平安！（作者為台灣北社理事，國際組召集人，動腦雜誌發行人）

【紀念二二八，拒絕黨國鷹犬綁架國家】

曾建元2020-03-03

促轉工作千頭萬緒，正因昔日黨國罪行罄竹難書。

隨著民主化的進程和時間的推移遞嬗，立足於本土，認同憲政民主價值的新時代臺灣人，已經逐漸超越歷史觀、政治立場和族群身分的差異，而能夠從人道、人權和公平正義的高度來面對和反省黨國的錯誤，更在今年一月的全國大選中，阻擋了國民黨和極端保守主義的復辟，讓本土政權繼續完全執政，也為蔡英文排除了最大的政治障礙，不必再瞻前顧後，放手全力促成轉型正義的實現，至少讓加害者與加害者體制受到歷史的審判，還給受難者和臺灣社會一個公道。

二二八的平反問題，著重的是國家的不法與其責任。無可否認，二二八事變中確實存在流氓藉端生事以及迫害外省民眾的情事，但國軍登陸後的戒嚴和清鄉綏靖，已經針對當時民間的刑事不法案件作出處理，對暴徒完成制裁。然而，黨國和軍警對於無辜民眾的鎮壓和掠奪，卻在黨國恐怖統治的目的下，長期受到包庇和變相鼓勵。這就是二二八和白色恐怖問題的根本，也是至今往後我們必須持續追求個案平反和永久紀念的理由。

促進轉型正義委員會在政治檔案清查的過程中，遭遇到許多阻礙，政治檔案在移交促轉會之始，被原屬機關重新設定保密期限，最是荒謬。林宅血案、陳文成命案、江南案、美麗島案、孫立人郭廷亮案等等具備指標性意義的重大冤案，是蔡英文總統意志的最大考驗，而具體表現在國家安全局對永久機密檔案解密與否的作為。我們心知肚明，當中涉及黨國內部特務家法高於國法的陰暗傳統和恐怖機制，而在民主的時代，我們要求超過三十年的國家檔案除了基於法定事由和比例原則，否則自當毫無理由全部攤在陽光下。

　　以重大案件作為前導，創造慣例，尋常百姓的冤屈才有昭雪的機會。國人不必擔心真相與和解的追求會破壞國家團結，破壞國家團結的是那一幫不知悔改的黨國鷹犬餘孽。在未來的一個月，從國安局的作為中，我們可以看到哪一個部門哪一個官員是全民的公敵。臺灣的歷史、族群的和解和國家的新生，絕不容許受到綁架。（作者為北社副社長，中央大學客家語文暨社會科學系兼任副教授）

【務實正名-以Taiwan面對國際】

劉繼蔚2020-03-31

這波武漢肺炎的疫情中，我們可以看到：國際社會因為長期「一個中國」政策，在初期仍然罔顧台灣衛生醫療網與中國完全不相隸屬、互相沒有關聯的現實。一方面假裝台灣是中國的一部分，另一方面實質放任台灣社會成為國際衛生醫療網路的孤兒。

防疫過程中，台灣一度被中國所拖累，被當作疫區的一部分而受到外國如義大利等國旅遊禁令的限制。其後，中國為了宣告抗疫成功，在台灣仍有因國人回國，產生境外移入確診案例，「勇敢」「切割台灣」宣告新增零確診！由此可知，即使是中國，「一個中國」作為中國統一戰線的話術，視狀況也是「可割可棄」；對台灣則是「生雞蛋無，放雞屎有」的毒藥。台灣應該在各種國際交流中，效法中國用於切割台灣的勇氣，避免自我命名中，足以混淆台灣主體性的用語。

「台灣中國，一邊一國」不是一個獨立的口號，而是現實的描述。以Taiwan面對國際，仍非台灣獨立的象徵，僅只是重申台灣不受中國統轄的事實。中文國號的變更固然涉及憲法的修正，但不代表台灣只能用唯一一種英文稱呼。在我

國外交活動中，本就可以以突顯「台灣」作為外文文件自我稱呼的原則，並盡量避免與中國近似的符碼，以確保國際社會清楚認識台灣與中國互不隸屬統治的政治現實，是不涉及憲法修正及兩岸現狀變更的務實作法。例如，我國參與國際體育活動，參與WTO，使用的名稱即不是R.O.C.。這些，都是行政文書外文版的翻譯技術細節，以及外交活動的務實方法，而不涉及憲法文本的修正。

台灣積極配合國際社會，作為國際社會優秀成員的表現，在這波疫情發展至今，可謂有目共睹，不容中國收割。而中國罔顧作為國際社會成員的義務，乃至於各種惡劣的人權紀錄，飽受國際社會譴責詬病。請台灣政府把握這次難逢良機，也善用各種可能，向國際社會澄清台灣的主權獨立地位，切割與中國的關係。（作者為台灣北社理事，律師）

【為本土政黨永續執政奠基】

李川信 2020-04-14

2019年年底，中國隱匿武漢肺炎的嚴重性，導致疫情蔓延無一國家倖免，幸好台灣是蔡總統執政，防疫工作超前部署，成效舉世稱羨，實乃天佑台灣。然而日前WHO秘書長譚德塞卻召開記者會，怒罵台灣以種族歧視的字眼對其人身攻擊；針對譚德塞的不實指控，欣見蔡總統立即表達強烈的抗議。

而隨著疫情指揮中心每天的記者會，疫情成為媒體及國人的關心焦點，無不希望早日消滅新冠病毒。等疫情過後，蔡總統的新任期即將展開，我們站在民間的角度，提出幾點淺見，期待蔡政府在現有的政績基礎上，為本土政黨永續執政奠定基石。

一.司法民主化。司法改革是台灣政治民主化的最後一塊拼圖，國人對司法的不信任度高達80%以上，原因在於制度的不民主、司法人員專業的傲慢與獨裁、與不良司法人員的無法淘汰；而人員素質的提升得假以時日，制度的改革則較易推動，冀望政府能實施「陪審制」，以改革司法審判時的「黨國思維、自由心證」。

二.轉型正義的實踐。《促進轉型正義條例》通過後，受國人矚目的是「不義遺址」的處置，其中又以「中正紀念

堂」的銅像、及位於大溪慈湖頭寮兩位前總統的棺木為最，拆除銅像、棺木入土為安、建物轉型也是轉型正義的實踐。

　　三.正名的突破。困擾許久的「中華民國ROC」護照，立委林宜瑾質詢時建議改為Republic of Chunghua，行政院長蘇貞昌回應改為Republic of Taiwan，或許漢字「中華民國」一時無法取消，但護照上要讓外國看的英文改為TAIWAN應該不是難事；至於「中華航空、中華郵政、中國鋼鐵」等國營機構的正名也應逐步進行，以避免遭誤解為中國的事業。

　　四.憲政的落實。憲政改革不能只談18歲的公民權，更須有多層次多面向的改革，如政府體制、國會體制等，而且修憲得經過立法院程序及公民複決，本屬不易，不妨朝野思考制定一部符合現狀的台灣新憲法。

　　台灣是一個國家，卻屢遭藍營質疑違憲，反倒無視真正違憲的國家名稱如「中華台北」、「台澎金馬」、「台北經濟文化中心」。台灣國家生存危機四伏，內有親中政黨處處掣肘，外有中國虎視眈眈企圖併吞，唯有本土政權永續執政，步步為營，才能突破困境壯大台灣，蔡總統及其團隊當肩此重責大任。（作者為台灣北社社長）

【民進黨完全執政應做、能做、卻不做？】

林冠妙2020-06-09

　　台灣又被「誤認」是中國？中國武漢肺炎肆虐全球，台灣捐贈防疫物資援助世界各國，但負責運送的「中華航空」機身上斗大的「China Airlines」被當成了中國；美國日前宣布，6月16日起禁止「中國客機」入境美國（後又宣布取消禁令），美媒《彭博社》報導此新聞時用的卻是「中華航空」的照片，是「誤認」？放錯照片？「China Airlines」翻成中文不就是「中國航空」嗎？華航就是如此自我標示，要怪誰？

　　2016年完全執政的民進黨說，華航不是不能改名，但需考慮時機是否恰當，在中執會研議後，公營事業改名案，不了了之；4年後完全執政的民進黨又拋出航權問題，強調華航現階段無法立刻改名，但會強化台灣意象，優化塗裝5月已開始，從遴選、設計、工程、備料到實際噴漆，要到明年中才能完成飛機彩繪，問題是，華航優化塗裝，為什麼4年前不開始著手？

　　民進黨在陳水扁前總統執政時期，朝小野大，可以把「中國石油」、「中國造船」、「中華郵政」正名為「台灣」，可以將「中正國際機場」改名為「台灣桃園國際機場」、完成「台灣民主紀念館」、「國家文化總會」正名計畫，可以拆下「中正廟」的「大中至正」牌坊，換上「自由

廣場」，但完全執政後，不只華航有「China」，護照上、郵票上也有「China」，還有「中華郵政」、「中華電信」、「中華文化總會」都有「中華」，為何朝小野大做的到，完全執政反而做不到？是不能？不敢？還是不想？

政府宣稱華航正名有難度，但人民要看的是決心和行動，政府不能只丟下一句涉及航權問題就了事，應向國人清楚說明，為何瑞士航空等改名，航權不受影響，華航卻得重簽航權？華航正名有耗時、耗力又傷財等理由，不知「中華文化總會」遲遲不改名，又是什麼問題？

2019年世界棒球12強賽，台灣隊雖沒能搶下奧運門票，但是第一次在國際賽中以7比0完封韓國隊，舉國歡騰，「民主進步黨」臉書粉專卻是感謝「中華隊」，在國內、在自己的臉書喊台灣，也有中國壓力嗎？黨公職也是開口閉口「大陸」，連在口頭上稱呼「台灣」、「中國」這麼簡單的事都做不到、不肯做，更遑論正名制憲？還要維持「中華民國」現狀多久？（作者為台灣北社理事）

【疫後台灣】

吳進生2020-06-23

　　超前佈署，預鑄模組工法。敦親睦鄰，超越消極外交思維，建立多元台灣新價值。武漢病毒，全球疫情尚未結束。最怕台灣人放鬆了，忘了防疫，全面「拼經濟」。

　　近日北京短短10天內，新增227例確診，被外界質疑是否爆發「第2波疫情」？各國也陷入恐慌。面對疫情「第2波」來襲及疫後，台灣該踏實的思為：

　　一、劫貧亡國之兆台灣，是否有亡國之兆？弱勢者在台灣（基隆陳青旭案）受到司法霸凌不公義對待。為1.8萬交通違規罰鍰，拍賣窮人房子，是否司法人涉嫌偽造證據？「亡國之兆」或有人認為是否言重了！然聖經明載，北國以色列（公元前722年亡國）滅亡前，與現在的台灣，有無若符情節。「因他們為銀子賣了義人，為一雙鞋賣了窮人。」「他們見窮人頭上所蒙的灰，也都垂涎；阻礙謙卑人的道路。」（阿摩司書第二章第6-7節）。台灣的監察院監委人事紛擾，有無阻礙謙卑人的道路？

　　二、中共一旦動亂台灣可能剎那間，因難民潮湧至，而瞬間亡國。中國印度邊界軍隊流血衝突；28日中共全國人大通過「港區國安法」；北京爆第二波疫情；中國南方暴雨土石流，北方炙烤，天候驟變天災頻傳，14億人口可能的糧食

危機！台灣也宜建立同樣高度的危機意識嗎？該提前部署，制定完善的《難民法》，是否當務之急？

　　三、台灣疫後生活面對疫情第二波來襲，及疫後新生活，是否可從生活小事做起。上市場買水果，不要東摸西摸，還捏捏看。在最小的事上忠心，在大事上也忠心；在最小的事上不義，在大事上也不義。共祈疫後，台灣新生活成為社會文明新風情！

　　四、預鑄模組工法深化口罩外交的思維，進而成為口罩工具機產業，防疫原物料供應國，而為全球未來防疫方舟的形象與實力努力。以工程界難度最大，北海油田工程，滑動模板工法（sliding form）預鑄模組執行。多元超前部署，敦親睦鄰超越消極外交思維，積極建構長期結構性，專業產業結盟關係。

　　台灣疫後，從兼顧人權，建立疫後多元台灣新價值。台灣不揀選自己的命運，是命運揀選了台灣。台灣未來，大有盼望。（作者為台灣北社理事，國際組召集人，動腦雜誌發行人）

【感念李前總統防衛民主台灣】

黃帝穎2020-08-04

前總統李登輝上周辭世，不僅國內各界悼念，全球更有超過四十五個國家及國際組織，逾二百名各國政要，分別以發表聲明、致函、降半旗等方式表達哀悼，這彰顯民主是重要的普世價值，縱使在中國高度壓力下，世界各國對李

前總統推行台灣民主的貢獻，仍「不顧北京反對」地表達推崇及緬懷之意。

美國總統川普公開表示「李總統是台灣首位民選領導人，更是台灣現代民主制度的締造者，如今，已成為台灣和世界以人民為中心的施政光輝典範。」，美國在台協會也發表公開聲明並以降半旗三日致哀；日本首相安倍晉三對李前總統辭世表示極為悲慟，並讚揚李前總統奠定臺灣民主自由價值。全球超過四十五國對李前總統在台的民主貢獻表達推崇，值得台灣人引以為傲。

感念李前總統對台灣樹立的民主制度，除了追悼李前總統外，更要積極防衛民主台灣，不受獨裁中國滲透所傷害，這是確保李前總統留給台灣的民主根基不被侵蝕，更是世界各國所重視的「防衛性民主」。

我國雖然在今年施行「反滲透法」，針對境外敵對勢力透過直接或間接的方式指示、委託或資助進行違法政治獻

金、違法站台支持特定候選人、違法政策遊說、妨害秩序或集會遊行以及違反選罷法等特定行為進行處罰，但對應中共滲透行為多樣性及全面性，要防衛民主，必須與國際接軌，思考進一步立法，以制度守住李前總統辛苦建立的民主自由。

中共利用各種方式滲透台灣社會，實已無孔不入，不僅止於反滲透法規範的選舉及政治活動，更已全面入侵台灣人民的生活領域，例如：除紅色媒體問題外，中共以宗教交流名義包裝，經由中共代理人在宮廟系統中進行滲透。又如針對村里長、學校教師等，也常見假兩岸交流名義之被統戰問題。

反滲透法固有防衛民主功能，但已不足應對中共的全面性滲透，台灣實可參考美國「外國代理人登記法」及澳洲反滲透法制，續立「中共代理人登記法」，以更周延地規範中共對台各行各業的滲透，讓陽光普照黑暗處的中國在台金流，守護李前總統及民主先進們犧牲生命、自由所建立的民主價值。（作者為北社副社長，律師）

【學術自由的警鐘】

陳君愷2020-09-29

日前高雄市長補選，國民黨候選人李眉蓁爆出論文抄襲案，喧騰一時，但隨著補選落幕、學位撤銷，此事遂看似煙消雲散，但該事件背後所隱藏的問題，並不會因此消失無蹤。我們要追問的是：究竟是何種結構性的問題，使得類似的情況一再發生？

身為地方政治人物的李眉蓁，只是藉由學歷的取得，增加政治資本，被揭發後隨即斷尾止血；但背景雄厚的學者，若以違反學術倫理的方式，獲取學歷與職位，一旦佔據權力位置，縱被檢舉，其結果恐怕就大不相同。

一九九〇年代以降，隨著台灣的自由化、民主化，也出現學術標準化的變革。只是，一九七〇年代威權統治者已近乎全面控制學術界，從而使得學術標準化，成為威權殘餘勢力繼續保有其權力的手段。於是，在缺乏學術轉型正義的情況下，學術界遂淪為權力遊戲的競技場。掌權者透過對國科會（今科技部）的掌控，以研究計畫的准駁，豢養學術界的椿腳；又假藉提升學術水準之名，自訂標準評比學術期刊的良窳，用以壟斷學術。

或謂：「真理越辯越明」，但是在已然民主化的今天，學術討論卻越來越不可能。揆諸當前的歷史學期刊，對於知識的互相商榷、辯難，甚至較戒嚴時期還要少見。但歷史學

者真的不再願意進行學術討論了嗎？其實不然，而是異議之聲，多被掌權者暗中消音。

學術討論是具備一定學術水準的學者，因意見不同所進行的溝通、交流，可促使學術進步，卻未予以充分保障，已為學術發展的隱憂；至於違反學術倫理者，原本毫無學術水準可言，但提出質疑的吹哨者，卻反被掌權者視為叛逆，而屢遭打壓、排擠。這種情形，與戒嚴時期黨外人士因質疑國民黨統治正當性所遭受到的待遇，如出一轍。

缺乏監督，就會讓掌權者為所欲為。孰謂今日吾人擁有學術自由？

因此，謹誠摯呼籲：學術界需要進行分散權力、公共治理、權責相符的徹底改造，廢除期刊評比制度，鼓勵進行公開透明的說理，以及建立撤銷違反學術倫理者學位或論文的機制。否則，倘若繼續縱容掌權者生殺予奪、互相包庇，則台灣的學術自由，將有可能受箝制而全面淪喪！（作者為北社社員，輔仁大學教授）

【矛盾的大學治理政策】

曾建元2020-11-24

台灣的少子化浪潮來襲，大學首當其衝，許多已應聲而倒，後段學校更岌岌可危。教育部預估有四十所以上私立高級中學以及大學專科院校已出現經營危機，其所影響的，不只是極易安排轉學的學生，更是極難中年轉業的教職員。

行政院會議十九日通過《私立高級中等以上學校退場條例草案》，規範退場私校教職員與師生權益，並設立退場基金，補助學生補救教學、住宿及交通等費用，以及墊付教職員工薪資、保險等費用。在此同時，教育部為因應美國科技產業鏈重組的產業趨勢，要在國立的台大、交大、清大和成大等四個學校成立半導體學院；私立學校因生源不足而危機重重，教育部卻擴充國立大學爭奪學生，形同落井下石，讓私校整體社會形象雪上加霜。

私校為了渡過生死難關，無不設法開源節流。過去還有中國大陸和國際留學生挹注生源，現在因兩岸關係生變和全球武漢肺炎疫情而中斷來源。降低人力成本支出則是不得不然的做法，只是巧妙各有不同。私校整頓人力的做法，主要依靠教師評鑑，而依照評鑑的評等結果來決定所謂不適任者的減薪和去留。問題是，評鑑的內容標準、範圍對象和評審

者，就是私校當局通過遊戲規則之制定，上下其手的空間，最極端的例子，即是加諸教師各種誇張和不合理的要求與壓力，諸如到校時數和點名、研究計畫、教學計畫和產學合作計畫提案、招生率、學生滿意度調查等，讓評等落後者知難而退，自然達成降低人力員額的目標，而最不公平者，就是行政與學術主管免評制度，這些主管無不出自皇親國戚，彷彿辦學招生不佳都是別人的錯。

當代台灣私立大學的治理有兩大問題，在內部治理上，對於外部顧客學生滿意度的過度強調，則使其成為借刀殺人、整肅教師的手段，殊不知，內部顧客滿意度若不高，想要獲取外部顧客滿意，幾乎是天方夜譚。在財務結構上，學費的過度管制、租稅不完全抵免以及私校轉投資不足，則限制了私校財務的健全發展，使少子化的問題成為財政破口。試想，國外許多精緻的小型私立學院何以能夠維持，不就是因為高學費、大量捐資和事業經營的營收嗎？（作者：曾建元，臺灣北社副社長，臺大國發所博士，中央大學客語系兼任副教授）

【壯世代來了！】

吳進生2020-12-22

據國家發展委員會發布，推估台灣將在二〇二五年邁入超高齡社會。其實，台灣早在一九九三年已成為高齡化社會，二〇一八年轉為高齡社會，二〇二五年轉眼就到。

老年人口年齡結構快速高齡化，今年超高齡（八十五歲以上）人口占老年人口十‧三％，二〇七〇年將增長至廿七‧四％。

一九七七年，「市場行銷」一詞，正式出現在剛創刊的《動腦》雜誌封面上。由台灣第一家廣告代理商、東方廣告創辦人溫春雄首度引入Marketing，正式被定義市場行銷的開始。才一轉眼，是否「壯世代行銷」又正待起錨！

當前，台灣的「市場行銷」領域，可能正超前部署在國際風潮之前，或許有機會引領世界潮流。台灣的國際競爭力，以及台灣的對外關係，會不會邁向一個新世代？

人口老化，是本世紀世界性的大問題之一。「老」因此常被提及，並歸屬問題，譬如老年人口、銀髮族等詞。搭乘大眾運輸工具，有所謂「敬老卡」；德國人更貼心避談老，稱為「活力樂齡」。但類似命名的活動、商品與服務，總令不認老、不服老的人避之唯恐不及！

台灣高齡化政策暨產業發展協會在十月廿二日發布新名詞「壯世代」，該會表示，「壯世代」是指台灣戰後嬰兒潮時期出生的一群人，意思是強壯的世代要來衝撞這個時代。創新名詞，翻轉台灣熟齡者之社會印象。這世代的人長壽，全世界史無前例，但身心靈依然活躍，且擁有專業技能扎實等特色。

　　分析指出，台灣的壯世代，核心特色為有知識、有主張，也有雄厚購買力，筆者再加上「奉獻力」。前述幾項特徵，如巧為引導，是否更能顯現乘數效果？

　　如眾所認知，晨星、日出時出現在東方最亮的行星。台語傳神地叫它啟明星。啟示錄最後一章廿二章十六節，提及「我是明亮的晨星」。一個新名詞的誕生，猶如一顆晨星，意味著一個新時代的來臨！壯世代來了！意味著什麼？是啟開幽暗與黎明的晨星嗎？台灣，正在啟動一個市場大翻轉的時代嗎？無論疫情與世局如何，「壯」大台灣的胸懷。壯大台灣，是有識者所共祈唯一的出路。壯世代，撞時代，願它如晨星。壯大成為為世界奉獻的一代。（作者為台灣北社理事，國際組召集人，動腦雜誌發行人）

【江啟臣不還黨產蔣萬安打假球】

黃帝穎2021-01-19

　　中國國民黨立委蔣萬安提案修正「戒嚴時期人民受損權利回復條例」，明定返還過去政治受難者被沒收的財產，久未公開露面的國民黨榮譽副主席蔣孝嚴特地表態大力支持兒子蔣萬安，認為時代在變，黨內同仁也不該食古不化。

　　蔣萬安提案修法，更獲得國民黨主席江啟臣等十五名立委連署支持。但如果蔣萬安不是「打假球」，國民黨主席江啟臣即應速還黨產做為財源。

　　事實上，促進轉型正義委員會公告「威權統治時期國家不法行為被害者權利回復條例」草案，除對遭受司法和行政不法的人民給予金錢賠償外，亦包括對其被沒收的財產返還，財源則規劃擬以收歸國有的不當黨產支付。媒體統計，這項轉型正義工程，將耗費國庫至少二百億元以上。

　　蔣萬安提案修法面對轉型正義，值得肯定！但如果只是拿全民納稅血汗錢為自己洗白？將黨國威權迫害造成的損害讓全民買單？蔣必遭唾棄！江啟臣唯有速還黨產，全面撤回無謂的行政訴訟，蔣才不會淪為「打假球」的政治詐欺犯！

大法官釋字第七九三號解釋，宣告黨產條例合憲，而黨產會以行政處分移轉國有的不當黨產已逾七百億元，但國民黨及其附隨組織全面提起行政訴訟，透過冗長的程序抗拒「還財於民」，導致實際進入國庫的金額不逾二千萬元，國庫根本不足以支應轉型正義所需開支。

戒嚴時期政治犯身家財產、土地遭國民黨政府沒收充公，國家至今尚未歸還，蔣萬安提案修正「戒嚴時期人民受損權利回復條例」，明定返還辦法，對於沒收財產，蔣版規劃「原物返還」，不能「原物返還」可用金錢折算，但卻沒有財源具體規劃，似為規避「以不當黨產賠償政治受難者」的德國立法經驗？或企圖將黨國威權造成的損害讓全民買單？

既然蔣萬安提案修法面對轉型正義，不只蔣家父子同意，也獲得江啟臣連署支持，則江主席應宣示國民黨及其附隨組織全面撤回行政訴訟，將不當黨產七百億元即刻「還財於民」，才不會讓蔣萬安淪為「打假球」的騙徒。（作者為北社副社長，律師）

【藻礁公投案的內涵與影響】

周煥榮2021-03-30

環保團體主張中油第三液化天然氣接收站會影響當地藻礁生態，因而提出的中止設立的公投案，於得到在野黨大力協助簽署後已經成案。但是，觀察過去公投案的實際運作，絕大多數民眾係在簽選櫃前才匆忙地去查看公投題目，然後在不了解內容與影響的情況下倉促選擇！為了減少此類資訊落差，並且這個公投案對台灣未來的國家建設影響重大，因此作一討論，期能有所助益。

為什麼需要三接計畫？因為核一、核二將於今年六月與明年三月相繼提前停役，到2025年，核三也會除役；燃煤部份，高雄、台中等電廠後續也將除役，增加新的電力供應已相當急迫。新建「三接」因此而來，以供應台電大潭電廠新增第八、第九燃氣機組所需天然氣，確保北部電力供應穩定，並減少空汙，符合國人期待。

沒有人會反對藻礁應該保護，桃園市長鄭文燦曾說明桃市府6年來已投入8.4億元保護海岸，極力維護。政府、學者與環團經多次研討，將前馬英九政府所核定的232公頃開發面積縮為23公頃，接收站碼頭移到海上以跨橋銜接，儲存槽與汽化設備設於已被填土的十八公頃區域，就是為了避免覆蓋任何藻礁，且該計畫已經通過環評，但部分環團人士還是認為對藻礁生態依然有傷害，堅持提出公投訴求。

任何電力開發計畫都會影響環境，不論是水力、風力、太陽能、燃煤、燃氣或核能等設施，都會對環境造成不同面相與程度的傷害，日本福島核災應是留在國人心中最真實的印象。可是我們的生活已經離不開穩定的電力供應，因此只能選擇對環境最低傷害的方式，並利用科技與管理降低對生態的影響。

桃園原有27公里長的藻礁，受工業與家庭汙水排放嚴重傷害，僅剩約4.5公里已經列為保護區的觀新藻礁，這是環保團體和當今中央與地方政府共同努力得成果；如果要以完全不傷害環境為標準，任何電力開發計畫都不可行；有專家學者提議更改接收站地點，也有在野黨建議重啟核四取代三接，但任何更改計畫都需要十年以上的時間，同時存在著不確定性。三接案或許對藻礁有些微影響，但計畫延宕攸關供電穩定的嚴重性，現在民生或產業都無法忍受供電不穩或缺電危機，您的選擇攸關重大，請多思考再選擇。（作者為台灣北社社員）

【二二八事件中的建國中學】

李榮昌 2021-04-13

今年 3/19～8/1，財團法人二二八事件紀念基金會於南海路的二二八國家紀念館二樓，舉辦「二二八與校園：事件中的建國中學」特展，身為建中校友的我與女兒受邀出席了3月19日的開幕式，基金會也特別具文函邀請這個事件特展主角的建中參加。

但是當天我很沉痛地發覺現場沒有任何建中的校方代表出現！

簡單回顧二二八事件，除了當時的建中校長陳文彬遭羈押，身為日本法院第一位臺灣檢察官的教師王育霖被失蹤之外，部分建中學生如吳沃熙被逼問、郭國純被刑求；郭國長遭槍擊、黃守義遭毆打、郭琇琮因撰文評論遭羈押、其他同學師長們因參與抗爭遭國民黨政府逮捕，亦有無辜遭到波及而傷亡者不計其數！！

二二八事件中，建中校內有太多師生蒙難，我自己除了是建中人外，同時也是二二八受難家屬。雙重的身分，讓我對台灣社會目前正在推動的轉型正義工程關注極深，也認定身為全國教育首善高中的一員，理當追求真理、關懷人文、重視人權，以推動社會公義為己任，不可在台灣民主轉型正義的工程中缺席，長年以來，也秉此信念行事。

從轉型正義與人權教育的觀點出發舉辦的這次特展，目的在希望透過這些曾經被刻意隱藏的珍貴史料，讓參觀者倍加珍惜台灣的民主。可是，長期觀察從2011年二二八國家紀念館開館迄今十年，建中參訪人數僅約五百人。建中師生對此影響台灣至鉅的重大事件，究是缺乏了解？還是漠不關心？我們期待建中人走進一牆之隔的紀念館一探究竟，畢竟二二八事件中的建中事件也是台灣歷史的一部份。

　　應故，我再次沉痛呼籲建中師生：身為建中人，當具獨立思考、明辨是非的能力，在社會是非善惡混沌難明時，勇於推動社會改革。請細思建中在二二八事件中多少師生及家屬被無由逮捕、刑求、失蹤；請探究事件的背景因素，知曉現今舉世欽羨的台灣民主成就，是不知多少台灣前輩血淚生命灌溉出來的果實，理解和體認轉型正義與人權教育的意義和重要性，並願意投入這個艱鉅龐大的根本改造和鞏固台灣民主的工程。

　　疼惜台灣，捍衛台灣的民主生活體制，請一起作伙來努力！（作者為北社社員、建中校友、228受難者李瑞漢律師長子）

環保科技篇

【對台灣國防軍武政策的期許】

潘威佑2015-11-12

自台美斷交後，台灣國防武器來源多來自美軍二次大戰移防的裝備，同時受限於台美相關條例的約束，軍購僅以美方提供防衛性武器為主。直到蔣經國時代後期，台灣才開始由中科院發展武器國造。

中國軍方目前利用組織調整，將相關部門改成公司型態，並利用垂直式管理、「軍轉民營」，及全球化經濟效應，讓中國與俄羅斯及東歐國家作多面向的軍事科技與商業交流活動，快速推展並改造中國軍武軟、硬體。現在，中國的軍武已經足以對鄰近各國構成嚴重威脅。

李、陳二位總統時期，台灣軍武於國造或對美軍購方面，都達到國防產業的最高峰，以因應中國的威脅，卻遭國民黨及媒體百般杯葛。二〇〇八年政黨輪替後，馬政府大量降低軍武國造與對美軍購，讓民眾懷疑是否為對中國的「符合善意」回應！去年（二〇一四）底，馬政府才又大聲疾呼向外採購軍備的必要，提出「一方面採購、一方面自製」口號，並指出如台灣設計的「沱江艦」、中科院的雄風／天弓導彈，及將來台灣所需潛艦，都將如此，以達成軍武國造目標。馬政府還強調在達成該目標前，美國政府將連續出售防

禦性武器給台灣，其中包括依照「軍艦移轉」法案所出售的「佩理級」軍艦，總額約一八三億美元，是近二十年來最高金額。當然中國依例表示強烈反對，強調將對中美關係造成重大損害。

最近，民進黨總統參選人蔡英文針對國防產業發展提出三個方向：一、建立航太工業。二、提升船艦工業的研發。三、發展資安產業。有興趣者對內容稍加研析，即可發現蔡英文的政策，明顯高於現今馬政府在國家安全的水準。

且以台綜院戰略所對國家軍武的綜論作為總結：「若一國沒有消化新式武器的能力，那麼它就算是擁有再多的新武器，仍然沒有辦法發揮它的戰力。武器的消化除了需要有高素質的人力之外，經常的訓練、演習，發展新的準則以及和其他軍種的聯合作戰能力，更屬必需。」面對中國的威脅，捍衛國家的主權倚靠的是堅實的國防，我們更期待新政府對於國家安全維護的積極與用心。（作者為台灣北社秘書長）

【爐渣廢棄物資源再利用的省思】

潘威佑2016-03-17

　　爐渣屋問題因松山文創大樓、浮洲合宜宅等知名公共工程建物浮現之後，台灣社會才驚見爐渣屋竟早已蔓延全台！爐渣也是事業廢棄物之一，過去政府為了鼓勵事業廢棄物資源再利用，有制定廢棄物再生粒料的相關法規管理。但因執行與管理鬆懈而弊端叢生，例如砂石供料廠商原料來源並未嚴審是否合乎規定；相關單位也未依規定檢核混凝土骨材成分，就直接使用於建物混凝土中，造成今日嚴重的爐渣屋問題！

　　環保署現行法規對爐渣流向與管制其實規範嚴謹。現行規定：全台二十家電弧爐煉鋼廠每年約一百六十萬公噸的爐渣必須向環保署申報流向。這些回收廠出售爐渣，也必須申報與登錄，並依規定作再利用處理與進行抽驗。可惜的是，在地方政府執行力有限下，這樣嚴格的防堵政策反而讓爐渣問題由明轉暗，四處流竄。

　　爐渣危害影響程度如何？台大土木工程系詹穎雯教授指出，問題在於爐渣砂石混有未經安定化處理的還原渣，遇水就會膨脹數倍。誤用的建築物，外表在完工一段時間後，其混凝土表面會先產生放射狀凸起裂縫，最後爆開成為一個個

點狀疤痕，也因此被形容為「青春痘屋」。至於對建物結構的影響，因為還原渣膨脹反應與鹼骨材類似，因此當量大且集中於重要結構處時，不能排除會有危害建築結構安全可能。

回顧爐渣管理立法初衷，在期待可對事業廢棄物做資源再利用，煉鋼後的爐渣、爐石和飛灰，若經適當處理加到混凝土後，確實能有加強建築物的效果。因此，政府相關機構應負起責任，經濟部對廢爐渣源頭應加強控管，環保署須落實廢棄物相關法規與管理辦法；除輔助地方政府切實執行管理外，更當結合第三方研究單位機構，進行有效率篩選檢核機制，落實建築安全基本履歷。如此，人民方可住得安心；台灣在管理與推動綠能再生資源方面的技術也可更成熟，另創具有高度商業價值的新產業。（作者為台灣北社秘書長）

【蔣經國與核武】

陳茂雄2016-04-28

　　中科院核研所副所長張憲義於一九八八年叛逃美國後，台灣人逐漸淡忘這一件事，近日台灣口述歷史學會理事長陳儀深遠赴美國採訪張憲義製作口述歷史時又變成台灣的大新聞，張憲義所陳述的內容絕大部分是歷史的真相，但有一點他沒有講真話，他表示「接受美國ＣＩＡ的要求和安排而出逃，並沒有背叛國家或台灣人民的利益，頂多只能說背叛上司郝柏村」，他還宣稱「遵守蔣經國『有能力發展核武但絕不製造』的意旨」，蔣經國的確說過「有能力發展核武但絕不製造」，張憲義若是圈外的人當然相信這句話，問題是他是圈內的人，很清楚蔣經國這一句話是說給圈外的人聽的。

　　郝柏村對台灣政治民主化之後的幾位總統的確沒有擺在眼裡，但對蔣家則乖得像一隻小綿羊，怎麼可能蔣經國不同意發展核武，郝柏村偷偷地在中科院發展？而且發展的規模相當大。以前核能所屬國防部的中科院（一所），不只核能所投入核武的研究，連三所也加入。當時的瓶頸是卡在核原料的分離。核彈可分成鈽彈及鈾彈，前者的原料是鈽-239，要從核反應器的「用過燃料」提煉。鈾彈則要從天然鈾中分離出鈾-235，天然鈾含有鈾-235及鈾-238，兩者的化學性質完全一樣，很難分離，當年中科院三所的計畫就是以雷射

來分離鈾-235。有人說台灣變成核武國家只差一步路，事實上還差一大段距離，那時候的真相是台灣很想發展核武，但沒有能力發展，絕不是蔣經國所說的「有能力發展核武但絕不製造」，政治人物的話聽聽就好。

美國是核武大國，卻不准別人發展核武，被掐住脖子的國家當然就乖乖聽話，不必看美國臉色的國家則不理會，如中國及印度就不甩美國，依計畫發展核武，台灣有太多地方依賴美國，連核能電廠都要依賴美國才能運轉，天然鈾所含的鈾-235只有〇‧七％，必須要濃縮（核彈用的原料則要分離）到一％才能當核能電廠的燃料，台電就是委託美國濃縮，若美國不幫台電濃縮，核能電廠還很難生存。

一九七七年美國就曾經施壓停了核能所的研究計畫，一九八八年又發生張憲義事件，促使台灣將核能所脫離國防部，歸屬原能會，蔣經國所期望的核武始終不能實現。（作者為北社社員，中山大學教授退休，台灣安全促進會會長）

【台灣新建設前瞻基礎計畫】

潘威佑2017-04-12

2017年3月，由蔡英文總統指示、行政院長林全宣布。由臺灣各縣市政府提出打造下一世代所需基礎建設計畫草案。由中央政府彙整成為國家全面性的建設投資。這項由行政院推動，總投資額高達8800億元的「前瞻基礎建設計畫」，以軌道、城鄉、綠能、水環境（觀光）、數位（防災）五大建設為主軸。目標在於著手打造未來30年台灣國家發展需要的基礎建設。

雖然國民黨宣稱上項「前瞻計畫」抄襲前政府愛台12建設內容。但是，真正好的國家政策，不需要作所謂前、後朝的區別，重點在於是否能真正達成帶動國家整體經濟發展、人民生活水平提升的終極目標。

就台灣目前的環境而言，基礎建設應著重於國土開發，並結合科技防災、減災有關的工程。「前瞻科技計畫」當中，可見到有關交通軌道、治水工程、數位防災共同結合的政策規劃。在此整體性的有效規劃及監督下，可預見將對台灣國力發展提升有正向提昇作用。不僅可以減小城鄉差距，也可同時帶動經濟發展。同時因為兼顧數位防災嚴謹性，可減少人民對於天災造成衝擊與影響。在能源政策上推廣綠能建

設，包括離岸風力發電政策，以臺中港作為離岸風電產業園區及國際商港發展計畫，建立沙崙綠能科技城的構想等方向。

今天我們對政府的期待，就是在民主機制下推出代議士來監督政府部門，同時也利用公民第四權:媒體的共同監督下，許多行政跟立法部門的協議與政策已經較過去更公開透明攤在人民的視野下接受批判與建議。而民主政治讓人民能更有權力表達對政策的可行與不可行之處，我們希望今天這個由人民用選票選出的新政府，即將就任快一年的時間，政府行政與立法的效率著實是讓人民很有感!!但是，我們也不希望未來的硬體工程建設再像過去一樣，為了消耗經費造就一些蚊子館、無用且空虛的工程規劃，浪費人民血汗的公帑，希望身為人民公僕的政務官員，推行政策時，一定要有非常周延的規劃與構想，經得起監督，正所謂"錯誤的政策，比貪汙更可怕"!!期待政府有良心的公僕為國家努力建設的前瞻奮鬥，人民會更有所感。（作者為台灣北社秘書長）

【從埃及看台灣—815大停電談國安危機與轉型正義】

潘威佑 2017-08-17

　　八月十五日下午近五點時全台大停電，震驚全國各界！蔡英文總統、行政院長林全都為此道歉；經濟部長李世光也已請辭下台負責。各黨的立院黨團也紛紛提出嚴厲批判。但是這樣的究責夠嗎？能保證類似的事件不會再發生嗎？下次「誤觸按鈕」會不會發生在哪裡？核電廠嗎？

　　電力供應足夠或吃緊不是本文的重點。在此想要指出的是：失敗的轉型正義，推動者所必須付出的代價，絕非是想像得到的慘痛！

　　以埃及為例，二〇一一年埃及獨裁者穆巴拉克被迫解除長達四十四年的埃及「國家緊急狀態安全法」。二〇一二年埃及第一次總統民主直選，由貧農出身的穆爾西當選。他當選後，深知反對他的保皇派勢力依然龐大，所以推出包容性政府的政策，為了討好警察，即使得罪自己的支持者，也不願意對警察部門進行整頓。希望能用表現中立、包容、不想整碗捧去的態度來感動保皇派接納新政府。司法改革也以類似這樣的方式進行。可是，許多「神奇」的事情開始發生，例如原來不會停電的埃及，突然開始經常性大停電，石油燃氣

供應突然接續不上，負責治安的警察巡邏簽到也常缺勤。這些原來在獨裁極權時代培養出來的軍警公職人員一一擺爛，三不五時就挖洞給穆爾西政府跳。守舊勢力所投資的媒體全面抹黑新政權，民怨迅速上升。（大家有沒有熟悉的感覺？）

結果，獨裁時期既得利益的勢力全面引爆，大型抗議與示威一波波。最後，他所任命的國防部長塞西發動軍事政變，聲稱依照「人民意願」推翻了穆爾西，軍方只是完成「歷史的責任」，並承諾日後一定會遠離政治。然後在二〇一四年的總統選舉中，塞西獲得九十六‧九％的選票（民主國家會產生這種投票結果嗎？）當選新一任總統。穆爾西被判處四十年監禁，他的支持者被逮捕判死刑者不勝其數！

請大家想想：台灣的過去歷史和埃及有多少類似？台灣的國家安全比較埃及又是如何？中國的軍機繞行台灣已成慣例，退將爭相「親中」、「友中」，凡此種種，怎能不為台灣轉型正義憂心？怎能不為台灣國家未來憂心？（作者為台灣北社秘書長）

【綠能應用與智慧電網】

潘威佑2018-05-07

目前政府最重要的政策在推動綠能政策，關鍵即在利用物聯網的概念，台電目前的規劃透過LPWAN（Low-Power Wide-Area Networks；低功耗廣域網路）技術的NB-IoT窄頻物聯網（Narrow Band Internet of Things，其傳速可達每秒5G），藉由電信資訊有效的整合，將家庭智慧電表結合社區做分散式微電網，藉由行動裝置，利用家庭端智慧管理模式可結合電力資訊、經濟行為、長照等方式做有效的整合。

立法院自2017年1月通過新電業法實施後，先行開放綠電市場競爭，同時提倡將綠能發展的核心價值以電力系統（System Integration, SI）來進行整合。經濟部與台電公司，嘗試利用智慧電表配上時間電價、需量競價等配套措施，讓民眾能透過智慧家居應用有效節能，將省下的發電費用還可回饋到民眾身上。經過學者專家統計，居家智慧電表加上輔助方案，可節省約12%電力，同時執行時間電價尖峰時間可壓低約7%電力需求。

目前台北市興隆國宅第一、二期的智慧電表試驗計畫，裝設智慧電表及裝設感測控制等設備，其結果讓各家用戶節

電達12%，同時以「用電可視化」模式讓用戶明晰用電控管，達到有效率使用。未來配合新版電業法的修正，若政府可統一將區域電網或售電業委由地方政府或民間來一起推動，配合完善用配電系統，建立電力循環經濟的模式。除更有效解決改善台灣地區每到夏季電力需求不足的高用量的型態之外，結合再生能源的發展性質，對於減少核能的使用。

而反觀現今全球化的用電情況，多數都已經實行科技化用電模式，提供不同的用電需求來滿足區域居民的供配電使用;同時結合政府利用嚴格的政策監督，來把關民營電廠供電的配套措施，相信台灣在政府的用電專業政策下，讓科技、能源、環保、經濟循環進行，期待未來邁進於亞洲能源進步國家之列，共創綠色科技，能源友善的台灣，亦是全民之福。（作者為台灣北社秘書長）

【社子島綠帶景觀規畫與未來】

潘威佑2018-12-18

　　社子島是基隆河與淡水河交匯的沖積平原。1953年克蒂颱風水災後，北市府將社子島末端定為「限制發展區的洪水氾濫區」，僅可供做農業或綠地用地，停發延平北路七至九段建設許可，禁建、限建了40年。使得社子島地區成為臺北市區域內極少數的開發遲緩社區。

　　2010年5月，行政院核定新台北地區防洪計畫。社子島根據200年防洪標準規劃，堤防加高到9.65公尺，並將社子島多數平地墊高到8.15公尺，以增加該地區防洪效能。目前的市府團隊關於社子島的開發規劃，從防洪出發，並參考2016年2月28日社子島開發i-Voting最受肯定的生態社子島規劃方向，結合都市計劃，依中強度將開發後計劃人口定為30,000人，同時連結士林北投整體科技產業廊道和區域紅樹林生態外環境。以這樣所謂孕（孕外環）、綠（綠內枝）、心（心中軸）、森（森佈點）的概念。將生態社子島公園綠地系統的景觀總體規劃，在兼顧休閒與生活結合下，審視閒置與壅塞空間，引導周邊土地使用，打通不連續的開放空間，重塑街區文化魅力。

任何的建設開發，無非為了改善原來的環境品質、提升當地生活水準。但是，當地及許多關心社子島開發的文史工作者擔憂，社子島很美，除了生態環境的多樣性，更有豐富的歷史文化，以及鄰里間親密互動的關係，這些都是目前都會區裡已經逐漸消失的自然生態景觀和人文環境。社子島多數的原居民不反對開發，只是面對複雜的計畫內容的艱澀難懂，感到相當無助；尤其關於土地重劃及分配取得公平正義的質疑糾紛、開發期間暫置居住適宜等問題。還有更困難的，在開發之後，原有生活模式被迫改變，因而產生的經濟與生活壓力。這些，做為負責任的民主國家執政者，更應該不吝多與居民們做更友善溝通協調，提出更具體易懂的說明及法理權益保障，提供完善可行的協助輔導方案，以循序漸進溝通協調方式建立居民的信任感。

　　期待藉由社子島的開發，也解決社子島沉痾已久的問題，讓全民重建對政府的信心。（作者為台灣北社秘書長）

【邁向再生能源綠色家園】

潘威佑 2019-05-07

　　因應國際能源趨勢，並配合蔡總統二○二五年再生能源佔台灣總能源比二十％政策目標的推動，今年四月十二日立法院三讀通過「再生能源發展條例」修正案，為台灣再生能源產業發展法律依據。再生能源產業潛在經濟價值極為龐大，依據國際再生能源機構的報告，再生能源產業不只可以帶來更多就業機會，而且每投資一美元，即可獲得三至七美元的價值（包括降低環境風險與社會成本）。並且靠著電氣化與再生能源，估計二○五○年時就能達成四分之三的全球減碳目標。

　　根據統計，台灣目前人均用電量佔全世界第十二高，住宅用電價格與亞鄰三十二國相比是第三低。目前電量配比部分：核能十一‧四％、火力八十二‧二％、抽蓄一‧四％、再生能源僅四‧九％，二○一八年約為二三三二‧九億度。類別用電比例最高為工業用五十九％、商用二十一％、住宅佔二十％。配合行政修法，政府每兩年會訂定再生能源推廣目標，鼓勵綠電自由市場直轉供與躉購並行，也可相互轉換，逐步邁向電力自由多元化目標進行。立法院民進黨委員們以身作則，鼓勵並協助公部門與民間社團、原住民地方社區（例如達魯瑪克綠能社區）等地合作，積極向下扎根，推廣社區公民電廠、綠電合作社等。促進公部門與公民參與能源事務的成效有目共睹。

從經濟模式的轉換而言，過去用低電價補貼工業促進經濟成長的策略，雖然成功，但現在則會造成產業難以轉型，並且消耗大量環境成本。推廣再生能源，不僅以分散式能源降低能源風險，就循環經濟的角度，從產業端、發電端、用電端、系統端，更可培植跨領域不同專業的綠領人才，推動產業升級、創造更多就業機會，帶動地方發展，鼓勵青年返鄉，開創出綠色經濟、社會公平、環境永續、能源安全的新未來契機。

　　再生能源推廣目前面臨的問題分政治、社會、制度三種層面。政治部分最常遇到不同政黨所劃分的議題間隙；制度部分是跨部會合作積極度不足與地方中央資訊不對稱；社會部分包括教育部課程宣導、媒體假新聞以訛傳訛等。此乃政府在修法通過後，有效推廣人民正確認知的努力方向。最後，也表達對政府建立綠能家園用心和努力的期待和肯定！（作者為台灣北社秘書長）

【武漢疫情後，台灣經濟復甦芻議】

潘威佑2020-04-28

去年（2019）底開始的武漢肺炎災情蔓延全球，在各國防疫需求之下，造成全球大封鎖（Great Lock down），連帶影響全球經濟大幅衰退，而肺炎疫情暴露全球供應鏈過於依賴中國大陸的脆弱性，美日英德等先進國家，紛紛要求本國企業加速自中國大陸移出，形成反全球化現象，造成國際經貿環境的改變，世界經濟前景之不確定性隨之攀升。

台灣早已是國際經濟重要成員，不論內需或出口產業，受到衝擊自當不在話下。雖然第一季進出口靠電子產業支撐，較同期仍有成長，但是許多產業如礦塑化、機械、基本金屬等產業衝擊情況已現。第一季的GDP，主計處已下修至1.8%，第二季更難樂觀。

目前政府已有多項措施協助國人暫度難關，但是面對疫情過後，台灣勢必面對更嚴峻的國際經貿環境的典範式轉變。數位科技、自動化機械和許多新興產業的興起早已成形。加以反全球化在先進工業國家逐漸落實成為政策，台灣在此趨勢中的產業結構調整與人力升級，必須趁各國（尤其中韓二國）還忙著對付武漢病毒時，超前部署，絕對不能落後，才不會在下一波經濟產業競爭中被淘汰。

我們建議，在資金方面，對外吸引外商產能移轉台灣，如此可同時拓展國際化多元商域；並且在國際因疫情控制得宜，台灣國際聲譽大幅高漲之際，利用已有的國家醫療產業的優勢，透過系統整合方案與數位科技運用，強力向國際推廣台灣的醫療科技產業。再者，因應數位科技5G及運端運算、資安等智能需求，輔導產業轉型升級，同時強化智慧自動化的電商平台、遠距數位產學平台，協助產業國際行銷，分散市場風險、掌握新興產業商機，增加台灣國家生產競爭力。至於產業界長期以來呼籲的人力結構缺陷問題，經濟部與教育部應結合高工商職、大專院校開設產業升級轉型人才專班，並提供提供津貼補助因疫情而減少工時者培訓進修，人力升級，以增加產業人才競爭力。如此必能增加台灣國家生產進步力，是謂台灣面對國際情勢新挑戰的韌性契機。（作者為台灣北社秘書長）

【台灣科學文明維新運動的發想】

紀國鐘2020-11-10

　　近三百年前工業革命人類開始使用化石燃料，將大量二氧化碳排放到空氣中，導致地球的溫室效應及氣候暖化，引爆了地球永續發展的危機。我們台灣也大約在那個時代才有大量移民，並與原住民共同開啟了多元文化的融合過程，形成今天的南島特殊生活文化社會。既有海島居民的良善與開放，又有大陸型的勤儉農業文明。

　　從明鄭反抗陸權的海島精神，到清國統治的農民抗暴傳統，一直到日本統治，才在明治維新的氛圍下開啟了現代的台灣，有公共衛生體系、報紙及普及的國民教育。二戰後美國影響力全面介入台灣，蔣家政權不得不披著民主外衣實行戒嚴統治，只准全民拚經濟，壓制台灣人的土地認同及當家作主的追求。一九九〇年代蔣家政權落幕，台灣藉著與自由世界的美、日文明鏈接，順利轉型為全球化成功亮眼的成員之一。年輕人也加入了認同這片土地，決心要自己國家自己救的年代。

　　但是我們總覺得台灣的文化還是被綁架的，也跟不上科學、工業化的世界，譬如講情義、不重法治、不談是非，造成了社會群體反省力的薄弱。最糟的可能是不辨真假、容易

受騙，事後又不認真追究，自認倒楣了事。這種處事態度，在全球化的國際社會中有被淘汰的危機。台灣如果能夠覺醒，以日本明治維新為借鏡，放下虛幻的蔣家文化傳統，勇敢追求實際且契合時代的科學精神，善用數位網路及全球化夥伴的關係，加強現代化人才教育，落實本土化並獨立自主的參加自由世界團隊，就像二百多年前美國放棄了對英國的依賴勇敢革命，建立自由民主法治的新國家。

今天台灣仍然處在不文明的共產思想的滲透及打壓下，歷史告訴我們船堅炮利是不夠的，我們仍然必須改造我們的社會及個人的精神武裝，才能面對共產中國的壓迫以及全球化的競爭態勢。今日台灣維新運動主要在於科學精神的內化及科學思考方法的實踐。從教育的改革做起，培育獨立思考的新台灣人，更要以尊重人權的社會觀為立國最高原則。總之，今日的台灣更有能力追求新生活文化的建立。我們要有當年美國建國諸君子的勇氣與視野，並且要學習日本明治維新脫亞入歐的豪氣與決心，才能期待創造未來屬於自己的海洋歷史。（作者為台灣北社社員，交通大學榮譽教授）

【從科技與產業根留台灣談起】

紀國鐘2021-04-27

　　一九九〇年我返國加入工研院光電半導體工作。當時的台灣，在新竹科學園區已有積體電路的聯電、台積電，還有資通訊、光電等廠商，大都是從美、日、歐返國的科技人集資創業。外國公司如荷蘭的飛利浦、美國ＲＣＡ，也都在台灣設有工廠。雖然科技領導人以海外回國的台裔美人居多，年輕工程師則是國內大學及工研院自己培育出來的。

　　當時，大學教授的研究追隨美日科技趨勢。國內廠商尚無法充分利用這些已逐漸成形的科技研發能量，這就是當時科技研發與業界各自努力的時代。科技研發尚未生根，產業卻也在全球化趨勢下壯大並獲利。產業理應趁勢建立自己公司的研發，與大學合作研發並深耕技術專利才是。然而，九〇年代後期，卻碰上了共產中國的經濟開放，大舉利誘吸引台商西進。科技產業裡的積體電路、顯示面板、ＬＥＤ照明都有廠商到中國發展，根留台灣的投資被忽視了，所幸積體電路的台積電深耕台灣，成了台灣的護國神山。

　　美中貿易戰開打，雖然是因為美國自中國的入超，已到達動搖美國國本的程度，但最終令美國驚醒的還是美國科技製造業流失，嚴重危及國家經濟安全。以美國為市場，在中

國製造的台商也被迫必須調整生產基地。舉凡顯示面板、電腦、功率半導體等為國防工業所需的產品，都必須離開中國。台商除了轉進東南亞、印度等生產外，資金也大量回歸母國，開始推動根留台灣的新戰略，結合台灣的優質人才及大學的研發能量，升級轉型追求創新科技與品質的台灣品牌新價值。

過去四年來，政府全力推動綠能發電，優先建置離岸風電，並逐步建立風電產業鏈，同時也扶植本土太陽光電產業，並充分利用國內人才及科技能量，都是令人激賞的成就。政府本土化的產業政策，除了綠能已擴大到國艦國造、國機國造，下一步就是通訊衛星、飛彈等軍民通用的科技落實到民間產業。讓民間生產國防武器系統，實現國防自主及經濟安全的大戰略。未來政府除了以政策鬆綁誘導及鼓勵廠商培育自己的專業人才、確立自主技術開發策略外，政府投入的科技預算則應專注在前瞻及國安戰略產業的研發，期能建立台灣的科技新經濟。（作者為北社ＴＴＱＳ人才培育中心召集人、前國策顧問）

國際經貿篇

【兩岸經濟整合加速央行放任民進黨無感】

王塗發 2015-02-05

九合一選舉，台灣人民以選票否決了馬政府過去六年半來傾中的兩岸政策，中國國民黨慘敗，黨主席馬英九因而黯然下台，內閣也總辭。大失民意支持的馬政府，在僅剩不到一年半的時間，顯然已淪為「看守政府」的角色，理應對其原本的傾中政策，懸崖勒馬、改弦易轍。然而，看守內閣仍將原本的傾中政策列為優先推動的政策，兩岸經濟整合更是加速進行！

其實，馬政府自二〇〇八年上台以來，就積極推動要與中國經濟整合的「一中市場」。根據蕭萬長對「一中市場」的主張，未來這個市場…在ＷＴＯ的架構規範下，追求進一步的經濟整合，兩岸間商品、人員、資金、服務與資訊全面自由化…最終達到經貿政策與貨幣的全面統一。

據一月卅日的新聞報導，儘管兩岸監督條例還卡關立法院，貨貿談判卻仍加速進行；儘管服貿協議尚未獲立法院通過生效，兩岸經合會卻已啟動服貿小組，就服貿後續細節進行討論，等於「服貿、貨貿全偷跑」。這次九合一大選，中國國民黨慘敗，就是因馬政府急於要通過服貿協議，而引爆「太陽花學運」所致。如今竟還要「服貿、貨貿全偷跑」，

這個「看守政府」究竟在急什麼？

　　最近統一超商宣布，二月一日開始在三家門市推出人民幣兌換台幣服務。此事對台灣國家主權影響甚鉅。然而，除了立法院台聯黨團召開記者會痛批外，民進黨竟然默不吭聲、完全無感，而管理外匯業務的中央銀行也無聲無息、放任不管。依管理外匯條例，掌理外匯業務機關為中央銀行；其職掌之一為指定銀行辦理外匯業務（包括外幣兌換），並督導之。統一超商並不是銀行，宣布要辦理人民幣兌換業務，顯然已違反管理外匯條例之規定。中央銀行竟毫無反應，是昏睡了嗎？

　　人民幣在台灣大量流通，將對台灣帶來嚴重的「貨幣主權」衝擊。蓋一國境內流通該國發行的貨幣，可視為該國「主權」的表徵。如今中國發行的人民幣可以合法在台灣兌換、流通，甚至成為交易媒介，將會被誤認為中國的主權已及於台灣。難道蕭萬長所說的「最終達到經貿政策與貨幣的全面統一」，就要提早實現了嗎？！（作者為北社社員，國立台北大學經濟學系兼任教授）

【南海問題與TRA】

陳逸南2015-04-16

　　最近媒體報導，美國海軍情報辦公室（ＯＮＩ）最新發表的「解放軍在二十一世紀的新能力及任務」報告中指出，中國海軍視統一台灣為長期不變的目標，並希望防止任何第三方介入其所謂的內部事務。…過去數十年，中國海軍的投資在力阻台灣走向獨立，並在必要時，即使美國軍事介入，也要以武力統一台灣。

　　目前，中國在南海「填海造陸」建立飛機跑道，且主張南海「九段線」。中國國家海洋局海洋發展戰略研究所二〇一三年四月繪圖，畫出第「十段線」在台灣東部海域，將台灣海峽納入其內海。目前我國擁有的東沙島與太平島也可能被中國侵占。中國海軍人士撰文指出，台灣東海岸的深海，尤其是花蓮港適合做為海軍基地，用來與美國平分太平洋，這不是夢想。中國如此擴張海權，整個國際戰略局勢將變動，亞太地區民主陣營的國家可以容忍嗎？

　　二〇一一年九月，當時美國國務卿希拉蕊在紐約與中國國務委員楊潔篪會面時，她表示維繫台海和平穩定符合美國戰略利益，「台灣關係法」明確提及，對台灣提供合理防禦性武器及保持台灣防衛能力，對台海和平穩定至關重要。

二〇一四年九月，希拉蕊女士在接受「日本經濟新聞」訪問時，對於南海爭議，她主張以國際法原則和平解決，而反對使用武力改變現狀。日前，希拉蕊女士宣布將參選美國總統，她對南海爭議的看法，值得重視。

美國「台灣關係法」（Taiwan Relations Act，ＴＲＡ）的前言指出，「本法乃為協助維持在西太平洋地區維持和平、安全與穩定，並授權保持美國與在台灣的人民之間的商業、文化，以及其他關係，以增進美國的外交關係，以及其他目的。」有關美國政府的政策及措施在ＴＲＡ第二條及第三條有明文。

最近發生「阿帕契賞機團」風暴，美國在台協會（ＡＩＴ）發言人金明先生四月十日受訪指出，美方在台灣關係法下的對台承諾「並沒有改變」。如今適逢ＴＲＡ簽署生效卅六週年，台灣人民不要遺忘ＴＲＡ，我們希望ＴＲＡ有助於南海問題的和平解決，與維持西太平洋地區和平、安全與穩定，避免南海成為亞洲的火藥庫。（作者為台灣北社理事）

【廢掉國稅局，一年可以省多少？】

吳進生2015-04-30

　　北市長柯文哲上台，九十天新政省六億，如果中央政府瘦身又能精簡多少？許多人憂慮台灣希臘化，國庫面臨破產前，政府救亡圖存的議題，值得人民省思。廢掉最近新聞熱門話題單位的國稅局，一年可以精簡多少？

　　國稅局分台北、高雄、北、中、南五地，員工八七三八人（包含約聘雇人員、技工的加班費獎金），人事費八十四億二七五〇萬九千元。

　　極小化人力資源，極大化資訊系統：所得總歸戶及扣除額總歸戶，加上扶養親屬勾選，是做得到的。科技進步，許多稅負計算已由電腦系統管理，層層疊疊的稅吏，根本是多餘的。是不是真的沒事幹，才會亂興訟？太極門查稅官司一打十八年，三審敗訴下，國稅局還繼續糾纏為哪樁？令人合理懷疑，是否又是自己人因此有領不完的律師訴訟費？如果是，那真是好康賺很大！

　　許多主要稅負，都是自動計算，自動自發報繳。那麼，我們還要國稅局幹什麼？錢多了，可救濟貧戶呀！

最近教育課綱所謂「微調」也爭議不休，有人認為教育部可以改稱為「洗腦部」或「中央政府政治宣傳部」等名稱，是否更名實相副？我們能不能考慮廢掉教育部？難道沒有了教育部，台灣教育就從此完蛋了嗎？還是從此教育會大翻身？

　　如果，教育部一直在做兩個主要工作：一是「洗腦」工作，二是分配鉅額教育經費偏向編列給聽話的自己人，那麼我們為什麼還要教育部呢？如果說還有些事情仍需慎重討論，至少，先把國稅局裁撤或精簡，只留電腦系統工程暨管理處和基層人員，如何？相關業務可移至地方稅捐處處理，都可以討論。

　　想像力、新國力，當前國際間都以想像力、創意力為競爭課題，每日在理想與現實衝突中工作的專業創意人，都知曉「沒有設計的設計」往往才是最好的設計。問題點往往是重組結構的大好機會。

　　提升國際競爭力，請從減少擾民、精簡政府單位、減少政府不必要支出做起。（作者為台灣北社國際組召集人）

【歐巴馬重提TRA台灣會生存下去】

陳逸南2015-10-01

　　九月廿七日自由時報報導指出，「美國總統歐巴馬與中國國家主席習近平廿五日在白宮舉行的聯合記者會中，歐巴馬主動提及，他告訴習近平，美國信守基於三公報和台灣關係法的堅強承諾。」

　　美國一九七九年一月一日起生效的台灣關係法（Taiwan Relations Act、簡稱ＴＲＡ），其第二條（ｂ）、（４）規定，「認定任何以和平以外之手段，決定台灣之未來之努力，包括抵制及禁運在內，均為對西太平洋地區之威脅，且為美國所嚴重關切。」當前，中國的擴張主義，將其核心利益擴大到東海、南海及台灣海峽等地區，可能對西太平洋地區產生威脅，歐巴馬總統重申ＴＲＡ有其重要意義，此可能與美國政府強化其亞太再平衡政策有關，值得關注。

　　依ＴＲＡ第三條（Ｃ）規定，「對於在台灣的人民之安全，或社會或經濟制度之任何威脅，以及因此而導致之對美國的利益的任何危險，總統應立即通知國會。總統與國會應遵照憲法的程序，決定美國為應付任何此種危險，而應採取之適當的行動。」

今年五月出版《台灣會生存下去》（王景弘著）第四二四頁裡記載，一九七八年十二月廿日尼克森寫信給卡特總統，「尼克森建議卡特或他的代表，對台灣人民的安全福祉，能再做堅決和明確的保證。同時公開聲明，對台灣使用武力將對美國與中國關係造成無法彌補的損害，他相信美國應表明它不但有權批准對台灣軍售，而且只要有需要嚇阻對台灣用武時，美國就要行使這項權力。」

　　按《錢復回憶錄》（二〇〇五年二月出版）第二一六頁記載有關「六項保證」，其中包括「美將不同意修改『台灣關係法』」。迄今已經過了卅六年，台灣關係法一直未變動。不過，我們必須提高警覺，防止中國以各種方式向美國施壓，希望達成廢止台灣關係法之目標，俾讓「台灣關係法」能發揮其應有的功能。台灣人本著「自助人助」的精神，天佑台灣，台灣會生存下去。（作者為台灣北社理事）

【新政府的開源與節流】

李川信2016-05-12

蔡英文政府執政後，首先要面對的是如何整理收拾馬英九政府八年的爛攤子！財政，是最迫切而且最艱鉅的問題；台灣潛藏債務已達二十五兆一千四百億元，平均每位國人背負一〇七萬元債務，台灣出口現更已連十五黑。準閣揆林全已表示今年的ＧＤＰ恐難保一，財政崩壞危機已在眉睫。新政府想在短期內讓人民對換黨執政有感，必定要大刀闊斧，從轉型正義、年金改革做起，開源節流。

開源：一、各級政府派任營利事業單位代表董監事酬勞金應繳庫，如台北富邦銀行、中鋼公司等，每年董監事至少數百萬到千萬。二、整合政府各種基金，統一管理，利益全民共享，避免被掏空或私有化。如：台灣糖業協會（武智基金會）二百七十七億元，中華電信及中華郵政協會的上百億元財產等，各部會基金合計將超過數千億元。三、國有閒置土地充分規劃利用，承租各民間單位租金應符合市場行情。不可如目前賤租國有地，租金都不到市價的十％。四、公用事業法定公積金依法確實追繳入庫：依民營公用事業監督條例規定，年度盈餘有超過資本額二十五％部分，其中一半列為「用戶公積金」，但中華電信用戶基金一〇九六億元，民營電廠一百五十億元，都被私吞，必須追繳。五、儘速通過

政黨及附屬組織不當資產取得條例，處分中國國民黨、中華民國婦女聯合會、中國青年救國團等不當資產，回歸國有。

　　節流：一、整併或裁撤不適當機關，如考試院、監察院，朝三權分立規劃，整併或裁撤僑委會、蒙藏委員會、退輔會及台灣省政府、福建省政府等。二、地方鄉鎮市長改官派，建立二級政府。不僅提高行政效率，且每年可節省二百二十億元。三、取消公股銀行行員退休十三％優存利率，每年可節省四十六億元；調降軍公教退休人員十八％優存利率到八％，每年可節省五百億元以上支出。四、軍公教退休後，再擔任一定薪額以上有給職工作者，應停領國家退休金，離職後再恢復退休俸。五、黨職併公職享有退休金，應立即取消，以斷絕連戰、胡志強、林豐正等二百八十三人黨國高官的特權。

　　期待新政府，透過轉型正義、年金改革、開源節流、縮短貧富差距，以追求世代公平、國家財政健全，台灣才能永續發展。（作者現任台灣北社副社長，教育組召集人）

【同表回到春秋時代】

范姜提昂2016-07-09

一中同表，各方質疑到底同表甚麼？洪秀柱氣到不行，以「這都是有學問的話」反嗆質疑者不懂。沒錯，同表論，孔子或許懂，當下街上沒人懂。

統派學者很想找出台海兩國都能接受的「統合」方案；他們認為若要台灣人接受，起碼要平起平坐，他們的結論：近代西方「國家主權」觀念，古中國沒有；但只要認同中國，中國自有中國特色「主權」觀念足以化解糾葛。

二〇一二年《中國評論》六月號文章：《用中華文化解開兩岸「主權」的糾葛》正是「同表理論」建構者張亞中教授的處方。他認為中國春秋時代，周天子底下的各國雖然自稱「國」，其實只是「政府」只擁有「治權」。

因為中國傳統觀念「主權在天」，而天子「天之子」意思是接受天命之後「代天」行使「治權」的統治者。秦始皇以後雖然轉變為「家天下」但仍保留「天下」觀念，統治者只是行使治權的「朝代」或「政府」，與西方「國家」觀念不同。

此說基本沒錯，譬如唐朝乃「天下」朝代之一，不會自稱大唐國；直到清末接受西方觀念才自稱大清國。他主張：內戰造成「兩岸治權分立」但台海兩國仍是「天下」的一部

分，共同擁有「天下」概念「主權在天」的主權，主權是重疊的。

這套理論很虛幻，很蛋頭！問題是「實踐虛幻理論」的方法很具體！為了讓「天下」概念具象化，他提出「一加一等於三」的「一中三憲，兩岸統合」方案。

換言之，把「一中即天下」概念憲法化，並將透過類似「歐洲共同體」的統合機制，把「天下即一中」機構化。其中，高於兩國憲法的「新憲法」與現行兩國憲法並存，稱為「第三憲」。然後呢？張亞中以「共同體」含糊帶過。

而綜合統派及中國涉台論述，「和平協議」就是「第三憲」或其雛形，統派強調和平協議的重中之重：約定兩邊都「保證不會脫離中國」，而總關鍵在這一切都必須建築在一個總前提之下：台灣人認同中國！

所以兩年前，行政院宣布公文書「日治」改為「日據」拉開歷史教科書「黑箱微調」序幕，張亞中不禁讚歎「是撥亂反正的起步！」「是戰略性逆轉！」而這一切，從中國「春秋天下觀」起手，環環相扣，大有學問！柱柱如何說得清？（作者為台灣北社法政組副召集人）

【馬英九的釣魚台論議糾謬】

陳儀深 2015-08-06

　　由於李登輝前總統上個月23日訪問日本時，再度說到「釣魚台是日本的」，遂引起馬英九總統煞有介事於8月3日在中國時報發表〈釣魚台當然是中華民國領土〉的長文予以回應。馬英九嚴厲批評李登輝「違反史實、違反中華民國憲法、違反國際法，嚴重傷害國家主權、人民感情與台灣主體性，是重大失言。」其實，馬英九的論議是分別從歷史、地理、地質與國際法四個層次來談，其中的歷史部分牽扯明清歷史若能成立，那麼釣魚台今日應屬中華人民共和國;地理地質部分雖說屬於台灣，但台灣與中國的政治關係若是「一中」關係的話，他說的「中華民國領土」根本就是中國領土，還談甚麼台灣主體性？

　　向來馬英九的一中各表、互不否認治權互不承認主權說法，就是把台灣和中國綁在一起，這種前提之下，否定「釣魚台是日本的」、強調釣魚台是台灣的並無意義，都是為中國看守領土的話術。

　　退一萬步說，先不管台灣與中國關係，純就「是不是日本的」而言，馬英九在國際法論述的依據，主要仍是1895年馬關條約第二條明定的割讓，把它解釋成「釣魚台遂隨台灣歸屬日本，劃入沖繩並更名尖閣群島。」據此說二戰結果日本將台澎交還中華民國時，連同釣魚台一併交還了。其實，1894年清國甲午敗戰之後，隔年4月17日馬關條約簽訂之前，1月14日日本政府的「閣議」就已經將釣魚台劃入沖繩縣，所以馬關條約根

本與釣魚台無關，從經緯度比對可知（參見2015/7/27, Louis Lee民報文章：「把馬關條約看清楚根本沒有釣魚台」）只不過馬英九認為，1895年1月14日日本兼併劃界所依據的國際法原則—無主地先占—不能成立，因為他根據前述的「歷史淵源」認為釣魚台早就是中國領土，不是無主地。可見，馬英九自知歷史主權說難以成立，還是要和馬關條約掛勾，於是就前後矛盾了。無論1895年1月當時釣魚台是不是無主地，總之人家馬關條約的範圍所謂的台澎並不包括釣魚台，二戰後也就沒有所謂一併交還的問題了。

最近閱讀二戰結束之後中華民國如何接管台澎的檔案，發現一份台灣省政府給外交部的《台灣節要》修正稿，敘述日治時期台灣（包括澎湖等島）的產業、人口、教育乃至歷史上的中台關係，值得注意的是描述附屬島嶼的細節，不論台北縣轄或基隆市轄，最北至澎佳嶼，不但沒有釣魚台的名字，比對經度緯度也都不包括釣魚台。其後蔣介石統治台澎，官方印製的地圖也都沒有把釣魚台列入疆域，直到1969年聯合國發現該島周邊蘊藏大量石油及天然氣，接著面臨保釣運動壓力，才開始去改地圖的。

執政末期治國無方，卻堅持黑箱課綱，胡謅釣魚台主權，都是轉移焦點。（作者為台灣北社副社長，中研院近代史研究所副研究員）

【西藏抗暴日台灣應依兩公約聲援西藏人權】

黃帝穎 2016-03-03

　　一九五九年三月十日西藏人在拉薩起義抗暴，遭中國解放軍武裝鎮壓，因此每年三月十日，流亡藏人在世界各地紀念西藏抗暴日。台灣於二〇〇九年將「公民與政治權利國際公約」國內法化，依據兩公約的普世人權價值，我國政府與社會應聲援藏人追求民主、自決與宗教自由的理想與信念。

　　藏人追求自決之權利，不該受到國家或任何形式的暴力對待。依據「公民與政治權利國際公約」第一條規定：「所有民族均享有自決權，根據此種權利，自由決定其政治地位並自由從事其經濟、社會與文化之發展。」藏人追求民族自決，期能自由決定其政治地位、自由從事其經濟社會與文化之發展，屬現代公民之基本權利。因此，對於藏人符合普世價值之人權主張，台灣作為有效實施「公民與政治權利國際公約」的國家，自當聲援藏人之自決主張，貫徹人權的普世價值。

　　再者，依據「公民與政治權利國際公約」第十八條第一項：「人人有權享受思想、良心和宗教自由。此項權利包括維持或改變他的宗教或信仰的自由，以及單獨或集體、公開或秘密地以禮拜、戒律、實踐和教義來表明他的宗教或信仰的自由。」藏人本有權享有自己的思想、良心和宗教自由，

卻至二十一世紀仍需以自焚殉道的方法，呼籲當權者恢復其宗教、文化的基本權利，此為民主世界難以忍受之憾事。

宗教自由屬於人民的基本權利，我國大法官釋字第四九〇號解釋理由書亦揭示：「現代法治國家，宗教信仰之自由，乃人民之基本權利，應受憲法之保障」；德國基本法第四條同樣明文規定「宗教自由」，世界民主國家對宗教自由之保障，普遍認為是基於人的良知、思想價值，其最終決定權屬於個人，絕不是國家。

正常文明的政府，對於宗教自由事項之處理，應嚴守「中立原則」，國家並沒有能力判斷何種宗教信仰是正確的，國家更沒有解釋宗教教義的能力與權力。然而，藏人基於信仰、文化與民族自決的主張，卻遭受公權力的暴力對待，實為現代文明所不許。

綜上，兩人權公約既為我國現行有效法律，則依據「公民與政治權利國際公約」的自決權及宗教自由保障，在西藏抗暴日的這天，台灣應聲援藏人人權，實踐民主與人權的普世價值。（作者為北社理事，律師）

【從李明哲案看台灣人權】

潘威佑2017-12-05

　　最近中國境內發生二件嚴重侵害人權事件，一件是台灣人李明哲無端被中國以「顛覆國家罪」羅織入罪；一件是「低端人口」驅逐事件。此二事件一為中國政府對境外異議人士及外國人權工作者進行打壓，一為對國內可能反對者的預防工作。相同的是對人權的嚴重戕害！

　　針對李明哲案與中共驅離低端人口的事件，基於世界人權宣言的基本內容，

　　我們要大聲譴責中國政府蓄意破壞對全體人類權及基本自由的尊重。

　　1948年12月10日聯合國在巴黎大會通過由羅斯福夫人的《世界人權宣言》，宣示沒有任何人應受到國家強權的壓迫，甚至為世人打造了一個平凡但卻難以實現的願景：「一個人人享有言論和信仰自由並免於恐懼和匱乏的世界的來臨，已被宣布為普通人民的最高願望。」這個宣言與「公民權利與政治權利國際公約」及「經濟社會及文化權利公約」（簡稱兩公約）共同形成國際人權憲章（International Bill of Human Rights），奠定人權基本原則的基礎。

檢視台灣的人權。更可了解權利不會是平白從天而降。回顧台灣的民主發展歷程，經過日據，國民黨來台後二二八事件、白色恐怖、中壢事件等重大深遠的事故，因而影響台灣人民追求民主化的信念與決心。台灣今日的民主憲政體制，歷經激烈抗爭，方有解散萬年國代、總統全民直選、2000至2016年的三次政黨輪替，確立了公民參政。但是台灣社會離真正的民主法治還是有一段距離。我們要求真正的全部公民權，「公投」事項不可設限、建立「陪審團制」。

　　因為，只有真正的落實全民參與，還給人民完整公民權，才是國家人權的真正保障！（作者為北社秘書長）

【從「撤旗」談台灣國際地位與住民自決】

潘威佑2018-01-30

日前，美國國務院官網撤下了「中華民國」國旗，對外交部的抗議，美國的回應是「台灣是個重要夥伴...繼續享有美國的強力支持。」絕大部份的評論都認為國務院的撤旗舉動正確，更等於在經過了七十幾年對台的模糊政策後，宣告美國要逐步落實「台灣關係法」的一中政策。

1971年聯合國2758號決議文，「中華人民共和國」繼承了「中華民國」，「中華民國」消失在國際社會中。1979年美國國會在美中建交的同時，也通過「台灣關係法」，稱「台灣當局」，其實就是宣告「中華民國」名存實亡。

從美中建交到歐巴馬時期，為了美國的國家利益，與中國採取合作關係，對台灣的政策是美中共治，對台灣的地位故意採取模糊政策，讓世界各國誤以為台灣是中國的一省，執政的中國國民黨為了自身的利益，也採取同樣政策，對台灣的國際地位造成近乎致命的傷害。但是隨著中國極權主義的擴張，一帶一路展現的野心，經濟或軍事上都嚴重威脅到美國的利益，隨著川普總統上任後，即開始改變對中國的政策，也改變對台態度。

從川普稱蔡英文總統為台灣總統開始，之後通過「國防授權法」加強美台軍事合作，中國不甘示弱，屢屢軍機犯台，嗆聲武統，更片面宣布實施M503航線等等威脅台灣行

為，美國眾議院隨即無異議通過「台灣旅行法」，並和日本等對台友好國家發言，支持台灣成為WHA觀察員。

這些過程，顯示川普總統的美國政府要落實「臺灣關係法」。國務院的撤旗，除昭告「中華民國」與台灣毫無關係，也告訴中國，台灣絕不是中國的一部分。在此，我們呼籲美國政府進一步宣告對臺澎人民權利的保障，取消「中華民國」佔領代理權，以尊重住民自決以及美國立國的精神，制訂「台灣獨立自決預備法（國際通稱「台灣基本法」）」，讓台灣人自己管理自己。這部法案應遵循美國憲法，依「台灣關係法」規範，實施三權分立，司法方面採取跟美國一樣的海洋法系，採行陪審團制，用西元代替民國。

我們鄭重聲明：美國身為主要佔領權國，雖對台灣沒有領土野心，但有責任維護台灣的和平安全；更要讓台灣人能有自己的自治條例，實現住民自決，獨立建國的夢想。（作者為台灣北社秘書長）

【台美關係的發展與TIA的設立】

潘威佑2018-07-03

隨著經濟力量的急遽發展，中國的軍事力量和成為世界霸權的野心也同樣快速增長，「一帶一路」即是其重要戰略之一。台灣，更是被中國視為發展霸權最重要的一個關鍵點。因此，這幾年來對台灣國際空間打壓與軍事恫嚇有增無減，台灣國際地位和國家安全受到的威脅也與日俱增。相對的，美國基於其本身的國家利益，提出「印太戰略」相因應。「對台六項保證」、「台灣旅行法」、「國防授權法」等等加強台美關係的法案相繼出現。最近美國眾議員羅拉巴克（Dana Rohrabacher）提案，要求對於台美恢復正常外交關係，對台灣國際地位的與台美關係的是更進一步的提升。

台美應建立正式國家邦誼的呼籲其來有自。早在2016年，現任白宮國安顧問波頓即建議美國政府階段性的與台灣建立正式外交關係。這幾天，AIT台北辦事處落成，以其規模和人員配備來看，台美間的關係有相當大幅度的提升。在這許多的事件中，我們更不可忽視美國現任總統川普的態度。甫當選，他就在電話中稱呼我們現在的總統蔡英文為「台灣總統」，之後再陸續任命美國友台人士擔任要職，也簽署台灣旅行法等法規。用實際的行動表明美國要加強台美關係、提升台灣地位的戰略。

但是，我們的「本土政府」在這國際戰略大變動中，卻依然「維持現狀」，缺乏實際的提升台灣國際地位的對策。或許「高層」另有微妙因素無法對外進行動作，但是以目前台灣駐美官方單位「美國臺北經濟文化代表處（Taipei Economic and Cultural Representative Office in the United States TECRO（Headquarters））名稱而言，至少可依據「對等」原則，改稱為「台灣在美協會（Taiwan Institute in American，TIA）」，和「美國在台協會（American Institute In Taiwan）」相對應。一如台灣日本關係協會！

　　400年來，現在可說是台灣要建立自己的國家的最後、也是最好的時機。我們期待現在「完全執政」的政府，用積極的態度與精神，面對瞬息萬變，但傾向對台灣成為一個正常國家有利的國際趨勢中，不僅在國際上和台灣的盟友們攜手共進，在內政上也快速展開台灣國家正常化應該準備好的各項工作。期待當時機到來的剎那，台灣得以鯉躍龍門，完成國人殷切期待的建國目標！（作者為台灣北社秘書長）

【和平協議？朱立倫應以柯文哲為戒】

黃帝穎2019-01-29

中國國家主席習近平在「告台灣同胞書」四十週年大會，提出九二共識及一國兩制，引發台灣人與總統強烈反彈，國際高度關注。可議的是，宣布參選中國國民黨總統初選的朱立倫，不只未明確回應習近平，朱的岳父高育仁更拋出兩岸建立共同史觀、簽署和平協議等促統說法，令社會質疑朱立倫的國家立場。

維護台灣民主的國家立場，不容模稜兩可，朱立倫應以柯文哲為戒。台北市長柯文哲過去的網路聲量向來居高不下，但在習近平「一國兩制」議題上，柯文哲未堅守台灣民主，反而讓網友噓爆。相對地，總統蔡英文立場清楚，堅持捍衛台灣民主，拒絕九二共識、一國兩制，蔡反而在網路聲量上勝過柯文哲，柯的聲量跌落，更迅速反映在柯家軍陳思宇立委補選的超慘得票上。

習近平主張的一國兩制與朱立倫岳父主張的和平協議，不只在民主台灣沒市場，在憲法上更沒空間。

一國兩制與兩岸和平協議（屬國內法之停戰協議），都是將台灣當成中華人民共和國之一部分，但我國憲法第一條民主共和國原則、第二條國民主權原則、第二章人權保障，

以及大法官釋字第四九九號解釋「防衛性民主」意旨，不容民主台灣與任何獨裁國家統一。簡單來說，一國兩制或兩岸和平協議，就是讓民主台灣被獨裁中國統一，將使「自由民主憲政秩序」遭受破棄，這在台灣根本是違憲主張。

將台灣當成中華人民共和國之一部分，但我國憲法第一條民主共和國原則、第二條國民主權原則、第二章人權保障，以及大法官釋字第四九九號解釋「防衛性民主」意旨，不容民主台灣與任何獨裁國家統一。簡單來說，一國兩制或兩岸和平協議，就是讓民主台灣被獨裁中國統一，將使「自由民主憲政秩序」遭受破棄，這在台灣根本是違憲主張。

更甚者，朱立倫岳父既已主張和平協議，就必須正視與中國簽和平協議的慘痛歷史：一九五一年西藏被迫和中國簽訂所謂「十七點和平協議」，但和平協議不只無法維持西藏「和平」，解放軍仍持續侵略，最後拉薩只能全民抗暴，達賴喇嘛被迫逃出西藏，「十七點和平協議」終致達賴流亡、十幾萬人流離失所、百萬人在獨裁中國統治下喪生。

朱立倫是代表國民黨參選總統的熱門人選，有義務向社會說明其國家立場。尤應以柯文哲為戒，朱應堅守我國民主憲法，對習近平的九二共識與自己岳父的和平協議主張，公開表達反對立場。（作者為北社副社長，律師）

【TRA鞏固台灣民主】

陳逸南2019-03-12

今年是美國的台灣關係法（Taiwan Relations Act、TRA）立法施行四十週年，喚起國人重視TRA。台灣人從威權體制爭取民主，流血流汗走過來，目前民主是台灣生存的依靠，也可作為走入國際社會的利器，因此需要不斷地鞏固。而TRA成為鞏固台灣民主的重要力量之一。

費浩偉（Harvey J. Feldman）大使曾參與「台灣關係法」的草擬。他一九九八年十一月七日來台灣演講「The Taiwan Relations Act - Past、And Perhaps Future」（台灣關係法─奠基過去、前瞻未來）時指出，TRA條文裡，「對西太平洋地區和平及安定的威脅」遣詞正好反映了「聯合國憲章」（United Nations Charter）的用字，尤其是第七條有關於侵略行為的定義。而將該區的和平及安定視為國際關切的事務，不但更直接和「聯合國憲章」的第七條接軌，同時也是對中華人民共和國視對台動武為家務事（Internal matter）的最佳駁斥。

費大使在結語指出，總而言之，美國行政部門應切實執行國會所立的「台灣關係法」，繼續承認台灣存在（Taiwan's existence）為一經人民多年努力奮鬥，而以多黨民主（multi-party democracy）、自由經濟存在，同時致力保護美國的在台利益。如果一個政策只能維繫美國在中

華人民共和國的利益，卻忽略其在台的實質利益，並棄民主台灣未來前途於不顧的話，這種政策不但不實際，且一無可取。

想起二十一年前，費大使來台演講指出，TRA用來確保西太平洋地區的和平及安定，阻止中華人民共和國侵略、併吞台灣，以及鞏固台灣民主，他的高瞻遠矚、真知灼見，引人欽敬與感恩。

去年「九合一」地方選舉結果，讓人感受到台灣出現了「反民主」的暗流，威權體制殘餘的勢力的復甦，不願意放棄其享有的既得利益，以意識形態來迷惑人民，以取代人民的自由選擇，這股反民主的惡勢力，背後得到中國的暗助，令人憂心。

由地緣政治觀點來看，台灣民主的鞏固，正維繫著亞太地區民主陣線的穩固，絕不能被破壞。此項民主成果，已獲得國際社會的高度肯定與支持，大家應該珍惜。為了確保西太平洋地區的和平及安定，以及促進台灣民主的發展，善用TRA來鞏固台灣民主，具有特殊的意義。（作者為台灣北社理事）

【拒絕「和平協議、一國兩制」，守護台灣】

李川信 2019-04-09

　　二〇二〇總統大選，想要爭取代表中國國民黨參選的總統候選人，無不爭先恐後的宣示：如果當選總統，一定要和中國簽訂「和平協議」；和平協議以「假和平之名，行併吞之實」，把台灣主權鎖進中國，這種投降式的協議，哪來他們口中的「對等」、「尊嚴」。此舉無疑增加台灣被併吞的風險，當前台灣最危急狀況莫過於此。

　　三月二十二日高雄市長韓國瑜率團訪問香港、澳門、深圳、廈門，先後與香港、澳門中聯辦、國台辦密會，打破台灣政治人物訪中的禁忌，也踩上交流的紅線，因這些單位是真正貫徹北京意旨、執行一國兩制的機關，韓國瑜的行為幫中國在台灣鋪陳一國兩制的氛圍，以高雄為破口當中國的馬前卒。

　　台灣曾經有過四十年的反共教育，反共深入人心，中國要滲透台灣並不容易。然當時的統治者對自己曾經有過的反共記憶忘得一乾二淨，也對自己從反共到親共、舔共的轉變過程，沒有對台灣社會有清楚的交代，而部份台灣人也跟著隨波逐流；他們內心深處的中國國族情結，超越台灣主權、自由、與民主的價值，不惜賣台也要緊密的和中連在一起。

我們肯定這些日子來，蔡英文總統拒絕和中國簽訂和平協議、反對九二共識一國兩制的對中政策，也請民進黨政府拿出魄力，全面清查滯台中國人的滲透，更應結合所有具台灣意識、反併吞的團體，戮力破除國人的迷失，勿重蹈一九五九年圖博（西藏）與中國簽訂和平協議後，中國血洗圖博的覆轍。

　　美國經過四十年對中國經貿優惠，以經貿扶植中國走向自由民主，然而卻無法改變獨裁體制，反而讓獨裁專政者利用國家資源，侵蝕自由、民主。美國川普總統上任，鑒於中國霸權崛起，將威脅世界和平，乃藉貿易平衡發動貿易戰，制訂亞洲再平衡倡議法案圍堵中國；同時制訂台灣旅行法、國防授權法，最近更公開說明一國兩制不被台灣人接受，美國政府也反對片面改變台海現況，並譴責中國不願放棄使用武力侵台。

　　明年總統大選是台灣存亡的關鍵時刻，美、日、歐盟對台灣的處境相當關心，多次提出聲援，但自助才能得到他國協助，期待台灣人民重視民主自由與主權，拒絕「和平協議、一國兩制」，守護台灣，你我有責。（作者為台灣北社社長）

【代理人法如陽光國民黨別貽笑國際】

黃帝穎2019-09-10

民進黨立委王定宇、尤美女等提出《外國代理人登記制度》，遭國民黨團痛批「綠色麥卡錫主義」、「獨裁進步黨」，藍委這些缺乏國際觀的政治謾罵，正凸顯代理人法所要求的公開透明，如陽光般照射，讓躲在黑暗處的紅色資本與既得利益者，只能嘶吼抵抗。

美國是民主大國，難道國民黨立委認為同樣有《外國代理人登記法》（Foreign Agents Registration Act, FARA）的美國，是麥卡錫主義或獨裁國家？這種指控明顯貽笑國際！

舉例來說，美國司法部近年依據外國代理人登記法，命令中國媒體「新華社華盛頓分社」和中央電視台的海外平台「中國環球電視網」必須註冊登記，接受美國政府監理。美國聯邦調查局更用此法起訴外國網軍，其中有五名編制於上海的中國網軍遭到起訴。美國社會多認為，《外國代理人登記法》是保護美國民主不被外國獨裁勢力滲透的重要法律，可見藍委瞎扯「麥卡錫主義」、「獨裁」的荒謬與無知。

類似外國代理人登記制度的立法，還有在民主國家澳洲。二〇一八年澳洲通過《反外國干擾法》，澳洲政府為防治中國資金干預，大幅加重從事間諜活動的刑罰，避免中國

對澳洲政治經濟的滲透，並且要求一定條件下的外資必須公開透明（外國影響力透明化法案）。

事實上，美國國會在二〇一八年的「美中經濟與安全審查委員會（USCC）」發布年度報告已指出，北京以散播不實訊息等多種手段，試圖妨礙台灣民主發展。美國在台協會主席莫健（James F.Moriarty）更直指，外在勢力透過輿論風向、不實訊息，試圖改變台灣選舉結果，對台灣相當危險。

確實，中國是獨裁國家，尤其習近平修憲取消任期限制後，世界更加體認到中國獨裁宛如帝制，獨裁暴政直接反映在香港反送中運動上，黑警血腥鎮壓民眾，殘害數條人命，香港青年犧牲生命仍無力對抗暴政！習近平宣稱九二共識即「一國兩制」，中國併吞台灣犯意明確，台灣豈能沒有「民主防衛」機制？

全球民主國家紛紛以法律防衛中國或獨裁國家的干預，台灣更直接面對中國的網路、媒體及代理政客等各面向滲透，當然更有立法的必要，外國代理人登記制度在美國、澳洲都有立法，台灣自應接軌國際、防衛民主。（作者為北社副社長，律師）

【929挺香港，護台灣】

潘威佑2019-09-24

　　香港今年因港人在台殺人事件，提出修補港澳台「逃犯條例」漏洞的引渡法則。但經香港民調指出，有66%的人反對修法，主要因擔心中國政府共產政體及司法的不信任。香港民主派團體「民間人權陣線（民陣）」於6月9日發起103萬人大規模遊行，打破97香港主權移交以來遊行人數的紀錄。

　　這場運動突破過去社會運動的傳統思維：沒有任何公開領袖！過往的社運領袖在抗議現場只能從旁充當調解和輔助的角色。顯示出條例事件引發出香港人民對於一國兩制與北京的嚴重抗議！也讓身在台灣的我們，目睹到整體事件發展，港府漠視人民對於民意的反應，表現出獨霸暴戾的錯誤處理作為，造成人民無辜的傷亡。見識到北京政府背後指導的蠻橫專制，跟一國兩制不堪一擊的蜜糖外衣。

　　如今反送中運動已持續三個月，港府目前還是堅持對於示威人民所提出的訴求表現出高傲無人之勢，無視這項運動五大訴求：全面撤回逃犯條例、成立真相調查委員會，撤銷被捕示威者的控罪，追究警隊暴力打人的失責、實現真正雙普選；原有法治和自由的香港，在共產極權威脅下，遍地催

淚瓦斯和橡膠子彈殼，街頭抗爭竟成為香港青少年的日常。對香港人民高喊的「五大訴求」，港府卻以默許警察暴力作為回應。可以想見，這將是一場艱辛而漫長的抗爭，苦撐的香港，需要台灣的支持。此刻，香港人用肉身與極權搏鬥，正是對台灣人最大的警惕，同時喚醒台灣人：「我們要守住台灣得來不易的民主和自由！」

　　從「返校」電影的播映，回首台灣民主發展的來時路，400年來殖民的統治，經過許多民間社團、民主人士們為這片土地多年努力的成果及民主思維的洗禮下，今日島上2300萬人才有對台灣國家主體意識認同的概念，同時也讓民主深植在福爾摩沙美麗寶島上。對於我們的鄰近香港，我們更應該秉持更同理的精神，支持香港人爭取民權與民主之外，今年929當日，大家作伙一起參加「929台港大遊行：撐港‧反極權」遊行活動，珍惜台灣民主價值，維護台灣的主權，台灣與香港追求民主自由是胼手胝足，同心一氣。（作者為台灣北社秘書長）

【向香港年輕人致敬！】

林伯鈞2019-11-19

我們要先學會當人，才能當臺灣人。——《衝突與挑戰：史明生命故事》

身而為人，總是希望生活能夠過得幸福，而幸福生活必然奠基於尊嚴與自由之上，憑藉勇氣去爭取。

中共政權口中惠港的「一國兩制」正在急速崩壞，傷害香港人民。香港反送中運動爆發至今，從催淚彈的發射演變到實彈射擊，傷眼演變到殺人。中共聯合港府藉由對市民肉身的凌虐，意圖箝制香港人的精神與行動意志，恐怖事件在香港持續上演，凌虐案例不忍勝數，諸如被黑警強暴而墮胎的少女、被當街槍殺的青年、從大樓被拋下身亡的科大學生和成為全裸浮屍的學生女泳將，六月到九月，香港就發現二千五百多件屍體個案。這些事例再再提醒著臺灣人，當初黨國恐怖統治，不能讓歷史重蹈覆轍。

求學階段的年輕人們如何不想安逸地生活，卻在青澀的年紀被迫一夕成熟，蛻變成戰士。在九七移交初期，意識到中共慣於背信棄義的香港人太少，以為〈中英聯合聲明〉中約定的「五十年不變」能夠被落實，沒想到卻被中共撕約成歷史文件。香港上一代錯失爭取民主的先機，下一代只得流血反抗。臺灣經歷過二二八、白色恐怖、戒嚴高壓統治，上

一代許多先烈抗命爭取民主，才得到如今能夠政黨輪替，如果我們這代不繼續爭取主權獨立、建國正名，是否下一代也得用鮮血拚搏？

選票是臺灣人所擁有的利器，每場投票都形同不流血的革命。看到中國國民黨不分區立委名單，有支持港警的前警大教授，有赴中端坐聽習近平訓話的退將，讓人不禁聯想這是否為中共授意，以便紅統勢力行事？臺灣人應嚴正看待手中寶貴的一票，用不流血的方式剷除親中政黨。臺灣有真正落實的民意選舉作為汰換政治人物的機制，但香港並無，香港即使兩百萬人上街遊行，政府亦無動於衷，加上犧牲者眾，民間積憤必定無比巨大。

請記得今日香港這群蒙面年輕人，他們正英勇地為每位手足的自由奮戰，或許我們永遠都不會知道面罩下的名字與長相，但也毋忘他們所捍衛的價值，他們所打擊的是人類的共同敵人。

向香港年輕人致敬，也請多保重！香港，加油！（作者為台灣北社監事）

【光復香港，時代革命尚未成功】

曾建元2019-11-29

　　反送中運動形勢在雙十一罷工罷市罷課大三罷中陡然升高，香港警察未經校方同意即以武裝強行進入各大學，而在香港中文大學和香港理工大學遭到抵抗，進而對理工大學死守學生與市民進行圍困，意欲一舉殲滅勇武派之抗爭，香港市民在各處展開都市游擊戰，香港警察強力鎮壓。繁華的東方之珠頓時淪為妖獸都市，這是一場香港市民反抗妖獸暴警的自由人保衛戰。

　　香港第六屆十八區議員選舉可能因香港政府認定香港進入緊急狀態而延後舉辦的傳聞不斷，香港特別行政區行政長官林鄭月娥甚至每天都在行政會議中評估是否暫停選舉。香港十八個區議會是香港的基層民主機制，將近五百席的區議員，都能夠基於其直接民主正當性，反映香港人民來自真正的聲音。儘管區議會只是基層民政的諮詢機構，不具有預算權和立法權。

　　林鄭月娥終究未阻擋區議會的選舉，畢竟擋得了一時，擋不了一世，讓區議會選舉成為社會情緒的宣洩出口，也有舒緩官民緊張局面的功能，更重要的是，如果她夠聰明，她可以藉由聲稱尊重民意，調整對於五大訴求在撤回《2019

年逃犯及刑事事宜相互法律協助法例（修訂）條例草案》之外其餘四項的強硬抗拒的立場，從而增加自己在與北京中央人民政府政治議價上的籌碼，尋找到中港雙贏的空間。

對於引發香港更深層社會信任與治理危機的暴警問題，林鄭月娥一籌莫展的窘態早已在世人面前暴露無遺，暴警的後盾是粵港澳大灣區警察協作系統和整個黨國體制，林鄭深怕成立獨立調查委員會調查暴警問題後會導致警察的反噬和失控，美國適時通過《香港人權與民主法》以及《限制向香港出口催淚彈和人群控制技術法》，讓香港人民甚至香港政府有一個外部的支持，可以轉化為整頓警察的力量。

香港泛民主派更要善用民氣，利用在區議會選舉中取得的民主正當性，思考以各個區議會決議的方式，讓五大訴求在政治上形成事實的拘束力，用以填補立法會因選制導制的代表性與功能的不足，再以此為基礎，乘勝追擊，讓明年的立法會議員選舉，成為香港關於雙普選的變相公民投票。（作者為北社副社長，國立中正大學傳播學系訪問學者）

【反滲透法舔中政客照妖鏡】

黃帝穎2019-12-17

民進黨立委提出「反滲透法草案」，遭中國國民黨強力反對，馬英九甚至在國民黨團舉行的公聽會，痛批反滲透法是違憲惡法。曾進香港中聯辦的韓國瑜，雖未如馬英九般激動反對，但也凸顯韓刻意迴避中共滲透問題。

對於反滲透法，中國國台辦發言人朱鳳蓮痛批，「政治操弄、煽動兩岸敵意、限縮打壓兩岸正常交流交往」，可見國民黨毫不避諱地與中國異口同聲，杯葛台灣反滲透。

事實上，反滲透法如照妖鏡，讓台灣的舔中政客現形，這些曾收受中國好處或金權利益相近者，無不一一跳出來杯葛反滲透法。

最明顯的例子，前國民黨中常委羅文山收中共全國政協許智明違法政治獻金，遭法院判刑。其中，中共政協提供的違法獻金，就是用來支持親中候選人及送禮給親中人士。

臺灣臺北地方法院105年訴字第585號刑事判決直指「被告自承：許智明業已指定其上開匯款，須以黃埔四海同心會名義在報紙刊登支持國民黨總統候選人馬英九之廣告，及支付許智明率團來臺至總統府晉見馬英九總統、拜訪國民黨榮譽主席連戰、宴請各方人士之食宿、禮品等相關花費」。

馬英九如此賣力杯葛反滲透法，社會質疑的是，有沒有收中共全國政協的禮品？到底是什麼禮品？為什麼中共政協花大錢買廣告挺馬？在美國及澳洲等文明國家都在防治中國獨裁滲透的此時，馬先生為何執意與中國唱和？

　　法院判決書白紙黑字，羅文山收受中共全國政協許智明的違法政治獻金，用來買禮品送連戰馬英九，國民黨強力杯葛中共代理人法及反滲透法，難道是因為長期拿好處？

　　反滲透法並非如馬英九批評的「疊床架屋」，現行政治獻金法根本不足以查辦紅色滲透。以羅文山案為例，如果「黃埔四海同心會」不是登記為政治性團體，則收取中國資金為親中候選人助選，幾乎難以被查獲，法院更難認定屬政治獻金！

　　台灣有多少團體、個人或公司收受中資，滲透政治與媒體？這都不是政治獻金法等現行法律，足以因應法辦。簡單來說，反滲透法顯有立法的迫切需要，這是台灣實踐「民主防衛」的重要機制，更是紅色照妖鏡，讓台灣人看清楚，杯葛反滲透法的政客與媒體是誰！（作者為北社副社長，律師）

【以民為本，不失初衷】

林伯鈞2020-09-01

　　從二〇一八年的美中貿易戰開始，乃至今年的武漢肺炎疫情全球爆發，台灣總在其中屢屢成為焦點。

　　台灣政府在武漢肺炎陰影籠罩之下，憑藉著良好的防疫系統，控制住疫情在台灣境內的傳播，斐然的防疫成績是醫療公衛體系本身的進步，亦是當今中央連通一氣，尊重專業人士採取措施的展現。試看前陣子，彰化自行實施普篩的疑雲重重，一度引發民間對中央不採取入境普篩的疑慮，最終依然被發現這個做法滿是漏洞，不僅所費不貲，更干擾現行的防疫措施，還極可能回頭擴大疫情。

　　台灣因為武漢肺炎疫情的處理在國際間成為焦點，近期外交成績也是大有斬獲。今年三月，台美雙方共同發表了「防疫夥伴關係聯合聲明」，說明未來將在防疫物資交流和疫苗藥品的研發生產等方面，持續加強合作力道。八月中，美國衛生部長阿札爾來台，這可稱之為台美斷交後，美國對台最高層級的訪問，會見中美方表示期盼台美持續加強合作。近日，ＡＩＴ也是頻頻放話，表達對台灣的友好及加強合作。

　　今日台灣正處在美中交鋒的風口浪尖之上，重大事件接二連三，如：美國F-16製造商在亞洲唯一授權的後勤維修中

心在台中成立，為台灣增加國安基礎；日本首相安倍晉三在任二七八九天後辭職，為美日連線植下可能變因；甚至Google及Facebook因對中國抱持疑慮，將原計畫連結香港的海底電纜，改與菲律賓、台灣相連，顯示民主和極權政體所將帶來的益處與衰弱；國民黨的千億不義黨產歸還紛爭不休，直到日前，大法官宣告《政黨及其附隨組織不當取得財產處理條例》合憲，台灣有望以法治方式實現轉型正義。在在表明，欲強健台灣的國格體魄，必定要外爭主權，內除國賊。

當然，最近因美豬、美牛之開放而爭議不斷的台美雙邊貿易協定（BTA）談判，討論甚囂塵上，蔡總統宣布考量國家整體利益及未來戰略發展目標，進一步開放美豬、美牛。在國際關係中沒有不勞而獲，必須要有一定的條件交換與誠信的必要，但努力促進與多邊國家經貿往來的同時，台灣政府也必須思考如何安頓民心，以誠意向民眾說明、公開資訊，才能在劇烈變動的國際局勢中站穩腳步，也依然以民為本，不失初衷。（作者為台灣北社監事）

【從中國對台武嚇談台灣危安思維】

潘威佑2020-09-15

　　中共對台的敵對思維，早從國共戰爭時期將蔣介石滯台黨羽形容為戰犯組織、國際社會對台灣多方打壓，其後不停增加中國沿海對台飛彈的佈建；至本土政權執政後，更加強對台人民仇恨情感的宣傳教育。二〇二〇年蔡總統連任後，文攻武嚇連連加碼，先是中共兩會後，舉行「反分裂國家法」十五周年座談會，強調「如果和平統一的可能性完全喪失，中共軍隊將與全國人民包括台灣人民一道，採取一切必要措施，堅決粉碎任何分裂圖謀和行徑，堅決捍衛國家主權和領土完整」。近日，王金平前院長計畫前往中國，央視媒體說是「求和」；此外，軍機繞台騷擾無日中斷，利用媒體放話台海軍演，台海危機幾乎一觸即發。

　　美國國會近期通過的台灣關係法、台灣旅行法，規定美國政府有義務提供台灣足夠的防衛性武器，授權美國總統及國會得採取有效措施，以嚇阻任何中國對台灣安全以及美國在亞洲利益的潛在威脅，或必要時有將其擊敗的能力。而新的美日安保條約中，雖沒有明文表示，但文中的「周邊有事」卻有「台灣周邊有事」的意涵。過去十年來美國各年度的「國防授權法案」，關於台灣部份從一開始聚焦於軍售，到「二〇二〇財政年度國防授權法」中，對台灣安全的關注

更超越了軍事領域；「二〇二一國防授權法」支持台灣參加環太平洋軍演，台灣在美國新時代全球戰略的重要地位不言可喻。

台灣目前唯一的敵國「中共」企圖併吞台灣野心從未停歇。自一九八九年天安門事件以來，經歷二〇一九年香港反送中事件、武漢新冠病毒的散播攻擊，至今仍不間斷地在國際媒體公開聲明：「如台灣宣佈獨立，則中國不惜使用核子武器……」，這種野蠻本心，其假面和善的背後其實是虛偽與猙獰！

今天，絕大部分的台灣人，無不支持認同台灣精神理念的政府與國家代議士們。請人民不要輕易再被相關媒體、假訊息影響正確的資訊判斷；對於中共利用親共團體對政府的汙衊與攻擊，大家要有危安的國家思維。一起珍惜並努力保有台灣民主的價值，記取歷史經驗，一起為台灣國家未來的民主發展作伙努力與打拚！（作者為台灣北社秘書長）

【極權黑夜，可見天光？】

林伯鈞2020-12-08

香港去年爆發的「反送中」抗爭，開啟國際對於中共集權暴政的關注，也點燃中國內外許多族群的抗爭星火。年初武漢肺炎疫情爆發，原應把關公共衛生的疾病控管政策，卻成港府冠冕堂皇限制抗爭、剝奪選舉基本權的工具。

港府以「抗疫」為名，嚴格限制公眾聚集，抹煞遊行示威的可能性，六月《港版國安法》突襲實施，實質凌駕於原先香港法制運行的《基本法》，參與反送中的香港青年與有志之士們，開始被秋後算帳，喪失獨立性的香港警檢調任意栽贓指控，配合司法不合比例的判刑，陷人入罪，令人不齒。

直到近日，中共與港府又對香港的民主和新聞自由伸出淪喪之手，一日香港有線新聞爆大規模內部資遣裁員，新聞自由敲響喪鐘。隔日，從「雨傘革命」起，被視為指標性人物的「眾志三子」黃之鋒、林朗彥、周庭，竟被以觸犯「煽惑他人明知而參與未經批准集結」等罪，重判七個月到十三個半月且即刻入獄，還遭拒絕保釋。三人僅廿餘歲，周庭入獄時，尚未過廿四歲生日，黃之鋒亦無法參加自己的畢業典禮。港版國安法下，欲加之罪，何患無辭？

香港壹傳媒創辦人黎智英與其他高層也被港警強扣逮捕，面臨《港版國安法》多項重罪及詐欺的指控，黎智英在起訴缺乏細節且無從答辯的情況下，直接被拒絕保釋，當場關押到明年四月中。黨要你亡，你不得不亡，這些粗暴的手段，一再顯示中共掐住香港自由氣息咽喉的黑手，已經驟然強力收緊。這不僅是中共與港府殺雞儆猴的宣示，更是對自由世界的一大挑釁！一海之隔的台灣將首當其衝。

台灣在過去戒嚴年代，也曾經面對過極權壓迫，黨禁報禁之下，禁止創立黨外社團，重要人物被謀殺、列為黑名單；和政府立場相左的異議性刊物遭禁，發行相關人士入獄，還有更多未被看見的無名人士犧牲，方才踏出一條民主道路。昨日台灣和今日香港發生的種種情節相互呼應，歷史總是血跡斑斑不停重演。

台灣民主化了，香港呢？台灣走過了解嚴、解除動員戡亂時期、廢除刑法第一百條等，民主進程在志士仁人的努力下持續推進，但香港正一步步走進極權黑夜，東方之珠，可見天光？（作者為台灣北社監事）

【還要理不足、氣很壯的反美豬？】

周煥榮2021-01-05

　　去年十二月廿四日立法院完成「食品安全衛生管理法」修法，並同意關於美牛美豬擴大進口的九項行政命令備查，連月來的美豬議題理應就此停歇，但是國民黨與其外圍卻繼續開闢其他戰場，企圖掀起另一波紛爭。反萊豬進口是公民的權利，但應提出反對的正當理由，我們很遺憾的看到國民黨只有口號與謾罵，以及利用食安包裝政治目的。

　　為何說理不足？二〇一二年時任總統馬英九進口萊牛時，國民黨立委及當時的官員們全力支持，今日卻痛罵萊豬為毒豬！難道萊牛無毒而萊豬就有毒？他們強辯台灣人習慣吃豬肉、少吃牛肉，豬肉影響較大，卻故意不提台灣人愛吃溫體豬，不愛冷凍豬。現在台灣豬市占約九十％，進口美豬僅一％，每年進口約一萬噸，人均食用才六百克；反觀美牛年進口量超過七萬噸，人均食用約三公斤，美國養牛使用萊克多巴胺的比率四倍於養豬，就食用量而言，進口豬的影響應小於牛。此外，美國人吃了廿多年、台灣吃了八年的萊牛，至今沒有食安問題。台灣吃牛的人口遠低於吃豬，即每年一大群人吃美牛遠超過三公斤，這些事實都證明專家學者所說的：「在國際食品法典委員會（CODEX）萊克多巴胺安全容許量標準下，食用美國牛與豬是安全的」。新聞炒作下，台灣已無萊豬市場，去年九成以上肉品進口商因此宣布

不會進口。萊豬一缺食安疑慮科學證明，二缺進口來源，在野黨理應收手，但該議題依然延燒。藍營縣市長先各自制定辦法，打亂肉品市場供銷，行政院宣布相關辦法牴觸中央法規無效後，藍營縣市更提出違憲訴訟，並積極籌劃反萊豬公投，真是理不直而氣很壯，為何如此氣壯？就是政治鬥爭！奉勸執政黨絕不要低估。

綜觀中國國民黨過去的鬥爭手法歸納如下：一、先給議題戴帽子：如毒牛、核食、沒有核電就缺電等，讓民眾產生討厭或懼怕的印記；二、製造扭曲不實的資訊強力宣傳，運用媒體將影片或文字廣泛轉傳，引導支持者在各社群大罵政府政策。造成大眾認知既定印象後，發起公投就如魚得水般順暢，二〇一六年的公投與選舉就是這樣操作成功！請問執政團隊要如何因應？

蔡英文總統團隊在武漢病毒戰役的成果，獲得了全世界的讚賞，期望在美豬議題上，也是一樣的亮麗。（作者為台灣北社社員）

台灣北社 20 周年紀念：北社評論文集 /
李川信等作. -- 初版. – 臺北市：社團法人
台灣北社, 2021.07

　面；　　公分

ISBN 978-957-28784-4-6(平裝)

1.社團法人臺灣北社　2.言論集

546.62　　　　　　　　　　110011710

台灣北社20周年紀念

北社評論文集

編輯小組：召集人　李川信

　　　　　組　員　陳輝雄　黃帝穎　曾建元

　　　　　　　　　潘威佑　王蕙娟　簡明文

封面設計：吳秋如　李家賢

出　版　者：社團法人台灣北社

地　　址：100 台北市青島東路5號2樓之2

電　　話：02-23960900

電子郵件：twnorth@twnorth.org.tw

劃撥帳號：19819789　　帳戶名稱：社團法人台灣北社

定　　價：新台幣$350元

初版年月：2021年7月

ＩＳＢＮ：978-957-28784-4-6